강마을에서
보내는
독서 편지

이선애 수필집

들어가는 글

　무학산은 녹음이 지천입니다. 이 푸르름을 볼 때면 살아 있음에 늘 감사합니다. 산의 초입에 들어서면 문창후 최치원 선생께서 계셨던 고운대를 향해 손을 모으고 인사합니다. 어쩌면 고운 선생께서는 이 시냇물에 손을 씻으시고 합포만 푸른 물결을 바라보다가 재잘거리며 팔랑이는 사시나무를 향해 웃으셨을 것입니다. 천년의 시간을 두고 우리는 같은 하늘과 산을 바라봅니다. 제 이야기에 당신께서 가끔은 귀를 열어주시리라 믿습니다.

　강마을의 작은 시골 중학교에서 이름 없는 선생으로 삼십오 년을 살았습니다. 그 시절에 써 두었던 글들을 모았습니다. 에세이문예, 한국교육신문과 독서새물결 아침독서편지, 백년어 등에 연재되었던 독서와 관련된 글입니다. 갈대를 스치는 강바람의 사연을 듣던 이층 도서관을 떠나왔지만, 제 정서의 바탕이 되었던 그곳의 이야기가 주를 이루고 있습니다. 강마을에서 나온 세 번째 수필집입니다. 이 책을 마지막으로 강마을 선생은 다른 경계의 문을 열고 나아갈 것입니다. 새로운 삶의 모습을 지켜봐 주십시오.

　둔필승총鈍筆勝聰이란 말을 최근 깊이 새기고 있습니다. 대학 선배 시인께서 저에게 하신 말씀입니다. 둔한 붓이 총명함을 이긴다는 의미입니다. 무디어지고 나태해지는 저에게 화두가 되었습니다. 늘 세상을 깊게 바라보고 기록하기 위해 노력하고 있습니다.

강마을에서 보내는 독서 편지

매일 책을 읽고 중요한 구절과 의미를 필사합니다. 이렇게 조금씩 제 언어를 벼려가는 작가가 되겠습니다.

다시 무학산을 오릅니다. 봄날 그 아름답던 산벚나무의 꽃이 사라진 자리에 무수한 열매가 열렸습니다. 작은 새들과 힘없는 동물 먹이입니다. 땅에 떨어진 열매에서 검은 과즙이 번져 나옵니다. 달큰한 향내를 맡고 벌레들이 몰려 있습니다. 아름답고 귀한 일입니다. 저도 저렇게 살고 싶습니다.

세 번째 스무 살을 시작합니다. 자꾸만 독버섯처럼 생겨나는 욕심을 줄이고 내어주는 나무처럼 그렇게 살기 위해 무엇을 해야 할지 생각합니다. 문화의 힘을 믿으며 독서 모임에서 함께 책을 읽고 시를 필사할 것입니다. 마산지역 구도심에서 치유글쓰기로 삶을 나누고, 인문학 공동체에서 함께 공부할 것입니다. 쉬지 않고 천천히 소걸음으로 나아간다면 우리가 하는 작은 일들이 세상을 밝히는 여리디여린 반딧불은 될 것이라 믿습니다.

이 책이 나오기까지 도와주신 많은 분을 생각합니다. 먼저 미욱한 제자를 위해 평설을 써 주신 권대근 교수님 진심으로 감사드립니다. 함께 책을 읽고 공부하는 독서 모임의 벗들과 문우들, 힘들게 인문학 공동체를 이끌고 계신 이은혜 소장님께도 고마운 인사를 드립니다. 스스로 행복한 삶을 찾아가기 위해 노력하는 치유글쓰기반 식구들에게도 고마움을 전합니다. 마지막으로 제가 글을 쓸 수 있도록 응원과 지지를 보내준 남편과 두 아들, 우리 엄마께 사랑을 보냅니다.

2024년 6월 무학산 자락 다문재에서 이선애

차례

들어가는 글 • 2

Part 1   마음을 담은 종이 한 장

코레아 후라! 대한 독립 만세! ─ 10
마음을 담은 종이 한 장─척독尺牘 ─ 14
머리에서 가슴까지의 여행 ─ 18
위로와 휴식은 집 안에 있다 ─ 21
관심은 마음에 심는 것이다 ─ 24
과학기술이 만든 디스토피아 ─ 27
비가 내리면 혹시… ─ 31
짐승으로 내모는 삶, 좌절하는 인간 ─ 34
그는 위대한가? ─ 37
사자, 노인 그리고 소년 ─ 41
연어라는 말에는 강물 냄새가 난다 ─ 45
오빠의 죽음으로 표상된 민족사의 비극 ─ 48
여수 밤바다 ─ 51
시를 잊은 그대에게 ─ 54

Part 2   강을 따라 흐르는 우정과 탈주

오리지널과 시뮬라크르 ― 58

오늘 엄마가 죽었다 ― 61

나누며 살겠습니다 ― 63

냉장고 세탁기가 없어도 괜찮아 ― 66

여성이라는 굴레 ― 69

그날, 할머니가 내 곁을 떠났고 나는 홀로 남았다 ― 72

강제력을 가진 규범 ― 76

지성과 사랑으로 충만한 삶 ― 79

소통은 건강한 사회의 조건 ― 82

강을 따라 흐르는 우정과 탈주 ― 85

삶은 언제나 기다림의 연속 ― 88

가족이란 이름의 폭력 ― 91

사람은 왜 피로한가? ― 95

여행의 이유 ― 98

자기 정체성을 찾아가는 여행 ― 101

Part 3   우리는 지금 같은 배를 타고 있다

우리는 지금 같은 배를 타고 있다 ― 106

어느 날 문득 긴 여행을 떠나고 싶어졌다 ― 111

구도의 여정-길 위에서 길 찾기 ― 114

삶이란, 참을 수 없는 존재의 가벼움 ― 119

영원의 시간, 그 경계에서 만난 바람꽃 ― 123

거침없는 영혼의 자유인 ― 127

눈처럼 하얀 슬픔 ― 130

오월의 신록 같은 책 ― 133

마음은 무엇입니까 ― 137

19세기 러시아를 만나다 ― 139

동물-되기 그리고 천 개의 고원 ― 144

어디서 살 것인가 ― 148

바슐라르 그리고 반바지 당나귀 ― 152

삶을 바꾼 만남 ― 156

사람들 사이에 꽃이 핍니다 ― 158

Part 4 그리움과 삶의 길을 따라 흐르는 언어

오동나무 거울, 혼을 비추는 고갱이 ― 164

그리움과 삶의 길을 따라 흐르는 언어 ― 170

오랜 침묵 그리고 짧은 여름 ― 174

공간화된 기억의 투영 ― 177

카메라가 포착하는 삶의 편린片鱗과 시대의 풍경 ― 183

기강에서 ― 187

정암나루 ― 191

귀강정歸江亭 ― 195

아모르파티Amorfati ― 198

임화, 지하련 그리고 시의 도시 마산 ― 202

통영, 그리고 '김약국의 딸들' ― 207

분홍돌고래 ― 209

이신애론
현상학적 사유의 예술적 형상화 • **권대근** ― 213

Part ——— 1

마음을
담은
종이 한 장

코레아 후라! 대한 독립 만세!

《하얼빈》, 김훈

가을 숲의 기운은 맑고 서늘합니다. 밤나무 아래를 지날 때 알밤이 후두둑 떨어집니다. 입으로 깨물어 보니 '오도독' 소리가 납니다. 겉껍질을 벗기고 얇은 속껍질을 손톱으로 슬슬 문지르니 노란 속살이 드러납니다. 기분 좋은 충만함으로 밤을 까서 오독오독 씹으며 가을 숲을 걸었습니다. 가을 열매를 주워 먹으며 천천히 걷는 길에는 상수리나무의 자잘하고 기름한 열매들이 우수수 떨어져 있습니다. 그 옆으로 멧돼지가 길게 골을 파놓은 흔적이 보입니다. 아마도 연한 나무뿌리와 열매들을 주워 먹기 위해서 긴 엄니로 산을 휘저어 놓은 것입니다.

저의 가을은 이렇게 차고 고요한 숲을 거닐며 물봉선의 분홍 꽃

송이, 늘씬한 연분홍 무릇꽃의 자잘한 꽃차례를 보며 시작합니다. 하지만 조선의 젊은이는 실탄 일곱 발과 여비 백 루불을 지니고 블라디보스토크에서 하얼빈을 향하고 있었습니다. 계절은 짙은 가을이었습니다.

　차가운 바람이 가득한 깊은 가을, 하얼빈역 광장에서 조선의 젊은이 안중근은 총을 쏘았고, 키가 작고 턱수염이 허연 오종종한 노인이 쓰러졌습니다. 그가 일본인 이토 히로부미였습니다. 작가 김훈의 《하얼빈》은 안중근의 빛나는 청춘과 고단한 삶의 모습이 뜨겁게 그려지고 있습니다.

　　총구를 고정시키는 일은 언제나 불가능했다. 총을 쥔 자가 살아 있는 인간이므로 총구는 늘 흔들렸다. 가늠쇠 너머에 표적은 확실히 존재하고 있었지만, 표적으로 시력을 집중할수록 표적은 희미해졌다. 표적에 닿지 못하는 한 줄기 시선이 가늠쇠 너머에서 안개에 가려져 있었다. 보이는 조준선과 보이지 않는 표적 사이에서 총구는 늘 흔들렸고, 오른손 검지손가락 둘째 마디는 방아쇠를 거머쥐고 머뭇거렸다. (……)
　안중근은 러시아 군인들 틈새로 조준선을 열었다. 이토의 주변으로 키 큰 러시아인들이 서성거려서 표적은 가려졌다. 러시아인과 일본인 틈에 섞여서 이토는 이동하고 있었다. 이토는 가물거렸다.
　안중근의 귀에는 더 이상 주악 소리가 들리지 않았다. 다시 러시아인들 틈새로 이토가 보였다. 이토는 조준선 위로 올라와 있었다. 오른손 검지손가락 둘째 마디와 방아쇠를 직후방으로 당겼다. 손가락이 저절로 움직였다.

—《하얼빈》

    1909년 10월 26일 이토 히로부미는 죽었습니다. 독실한 천주교 신자였던 토마스 도마 안중근은 종교보다도 국가와 민족이 우선이었습니다. 하얼빈에서 이토를 사살하고 그는 가슴 안에 있던 태극기를 높이 들어 올리며 에스페란토어로 "코레아 후라!"라고 3번 크게 외쳤습니다. 이 외침은 "대한 독립 만세!"라는 뜻입니다. 안중근은 체포되어 처형되기까지 재판 과정에서 어떤 기세에도 굴하지 않고 이토 히로부미를 죽인 이유를 당당히 밝혔습니다.
    안중근은 여순(뤼순)감옥에서 3월 26일 순국하였습니다. 그의 시신은 뤼순 감옥의 죄수 공동묘역에 묻혔습니다. 일제는 시신의 정확한 매장지를 알려주지 않아 찾을 수 없었고, 현재까지도 공식적으로는 유해가 묻힌 곳을 찾지 못하고 있습니다.

    해방 후 백범 김구는 1946년 6월 윤봉길, 이봉창, 백정기 등 독립운동 3 의사의 유해를 일본에서 찾아온 후 효창공원에 안장하였고, 그 옆에 언젠가는 안치될 안중근 의사의 가묘를 만들어 두었습니다. 이것은 안중근의 시신을 꼭 찾겠다는 김구 선생의 결의를 보여줍니다.
    광복 77주년을 지나왔지만, 하얼빈의 뜨거운 총성으로 세상에 한국의 기상을 알린 안중근 의사의 유해를 우리는 아직도 모셔 오지 못하고 있습니다.

가을 초입, 우리의 영웅 안중근 의사께서 옥중에서 남긴 문장을 생각합니다. '하루라도 책을 읽지 않으면 입속에 가시가 돋는다' 그래서 오늘도 저는 책을 읽습니다.

마음을 담은 종이 한 장 – 척독尺牘

《척독》, 박경남

조선시대 편지의 형식을 살펴보면 상세한 내용으로 상대를 설득할 목적으로 쓴 서간書簡과 한 자(30센티)의 짧은 글로 소소한 일상을 적은 척독尺牘이 있습니다. 사대부들은 전화가 없던 시대에 편지를 보내는 것이 일상이었습니다. 벗에게 마음과 정을 담아 고유의 필체로 편지를 보내고 가슴 설레며 답신을 기다렸을 것입니다. 그중 척독은 짧은 편지로 오히려 긴 여운이 느껴집니다.

처마의 빗물은 똑똑똑 떨어지고 향로의 향냄새 솔솔 풍기는데 지금 두엇 친구들과 맨발 벗고 보료에 앉아 연한 연근을 쪼개 먹으며 번뇌를 씻어볼까 하네. 이런 때에 자네가 없어서는 안 되겠네. 자네의 늙은 마누라가 으르렁거리며 자네의 얼굴을 고양이상으로 만들겠지만 위축되지 말게. 문지기가 우산을 받고 갔으니 가랑비쯤이야 족히 피할 수 있을 걸세. 빨리빨리 오시게나. 모이고 흩어짐이란 항상 있는 것이 아니니, 이런 모임이 어찌 자주 있겠는가. 헤어지고 나면 후회해도 돌이킬 수 없을 것이네.

—〈허균이 이재영에게〉

여름날 허물없는 벗들이 빗소리를 들으며 어린 연근을 쪼개 먹자고 벗을 부르고 있습니다. 짧은 글에 오감이 잘 드러나고 친구의 부름에 무서운 마누라가 잔소리하겠지만 위축되지 말라고 농담까지 곁들였으니 누군들 부름에 응하지 않을 수 있습니까? 이와 같은 허균의 척독에는 벗을 생각하는 아름다운 마음이 있습니다.

어젯밤 달이 밝기에 비생을 찾아갔소. 그를 데리고 집에 돌아와 보니, 집을 지키던 자가 와서 말하기를 "키 크고 수염이 좋은 손님이 노랑말을 타고 와서 벽에다 글을 써 놓고 갔습니다" 하더이다. 촛불을 비춰보니 바로 그대 필치였소. 안타깝게도 내게는 손님이 왔다고 알려주는 학鶴이 없기에 그만 그대에게 문에다 '봉鳳'자를 남기게 하였소. 섭섭하고도 송구하구려. 이제부터는 당분간 달 밝은 저녁이면 감히 밖에 나가지 않을 거요.

—〈박지원이 홍대용에게〉

어느 달 밝은 밤에 담헌 홍대용이 연암 박지원을 방문했습니다. 하지만 박지원은 마침 달이 밝아 비생에게 가는 바람에 집에 없었습니다. 송나라 임포는 학鶴을 두 마리 길렀는데 그 학이 손님이 온 것을 알렸다고 합니다. 박지원 그런 학이 없어 홍대용을 맞을 수 없었다는 아쉬움을 표현했습니다. 여기에다 봉鳳을 남겼다는 것은 이후 누구를 찾아갔다가 만나지 못하고 돌아간다는 의미입니다. 진나라 때 여안이 친구 혜강을 찾아갔으나 출타하여 그의 형 혜희가 맞아 주었으나 문 위에 봉鳳자를 써두고 갔다고 합니다. 박지원은 허균만큼이나 척독의 묘미를 알고 즐겨 쓰던 이였습니다. 특히, 옛글에서 상황에 맞는 글을 찾아내어 적절하게 인용함으로써 읽는 이가 절로 웃음을 짓게 만드는 탁월한 이야기꾼입니다. 못 만나서 섭섭하고 송구한 마음으로 "이제부터는 당분간 달 밝은 저녁이면 감히 밖에 나가지 않을 거요." 말하는 대목은 참으로 멋진 능청스러움입니다. 아마도 홍대용이 행복한 웃음을 지었을 것이라 생각됩니다.

  척독은 결코 시간이 없어 짧게 쓴 글이 아닙니다. 긴 편지를 쓰는 것 이상으로 애를 써서 작품성을 의식하고 제작된 글입니다. 척독을 읽고 나면 정경이 떠오르고 그림이 그려집니다. 절제된 비유와 간결한 표현, 말할 듯 머금은 여백의 미를 추구합니다. 척독은 산문보다 오히려 시에 가깝습니다.
  오늘날, 가장 척독에 가까운 것은 아마도 엽서葉書일 것입니다. 엽서를 가장 살뜰하게 쓴 사람으로 신영복 선생이 있습니다. 감옥에서 한 달에 한 장 주어지는 엽서를 위해 머릿속으로 몇 번의 퇴고를 거쳐 십여 분 주어지는 시간 안에 빠르게 적었다고 합니다. 그분의 엽서는 감옥에서 세상을 향해 보내는 안타까운 메시지가 아니었을까요.

　가을이 깊어져 갑니다. 우수수 날리는 낙엽 사이로 추수가 끝난 빈 들의 고요한 모습이 보입니다. 이제 우리도 자기 내면을 들여다보면서 먼 곳의 벗에게 마음을 전하는 한 장의 편지를 써 보면 어떨까요?

머리에서 가슴까지의 여행

《담론》, 신영복

마산 앞바다가 보이는 무학산 자락에 드디어 매화가 피었습니다. 꽃샘추위 때문인지 설이 지나 꽃 몇 송이를 피워올렸습니다. 매화를 만나기 위해 몇 번을 서성였습니다. 이제 저는 봄이라고 딱 정해버렸습니다. 제가 정한 엉뚱한 규칙 중 하나가 매화차를 마셔야 봄을 시작하는 것입니다. 뜨거운 찻잔에 피어나는 꽃송이를 보고 코끝에 스치는 맑은 향내를 느끼는 봄을 마중하는 절차입니다.

2월 독서 모임에서 함께 읽은 책은 신영복의 마지막 강의를 엮은 《담론》입니다. 스물일곱의 신영복은 육군 중위로, 육군사관학교에서 경제학을 가르치는 교관이었습니다. 1968년 남산의 중앙정보부로 끌려가 '간첩'이 되었습니다. 대학의 독서회와 서클 세미나를 지도한 것으로 구속됩니다. 통일혁명당 사건으로 무기 징역을 선고받습니다. 1988년 감옥에서 20년 20일을 보내고 특별 가석방으로 출소합니다.

 이 책은 동양고전을 바탕으로 현대사회를 읽어내는 탈근대 담론과 세계의 인식, 존재론에서 관계론으로 나아가는 인간에 대한 이해와 자기성찰을 다루고 있습니다. 선생은 모든 담론의 중심에 사람을 두고 있으며, 사람 간의 관계를 통한 이야기로 해석하고 있습니다. 그는 관계의 확장을 통해 일어나는 변화와 창조의 가능성에 중점을 주고 있습니다. 살아가는 것 그 자체가 공부이고 살아가기 위해서 공부해야 함을 강조하고 있습니다. 선생은 공부는 머리로 하는 것이 아니라 머리에서 가슴으로, 다시 가슴에서 발로 가는 가장 먼 여행이라고 하였습니다. 사람은 다른 가치의 하위 개념이 아니며, 사람을 키우는 일이야말로 그 사회를 인간적인 사회로 만든다고 역설합니다. 책을 읽으며 사람에 대한 깊은 성찰이 저에게 매운 가르침이 되었습니다. 봄 햇살이 쏟아지는 여행길에 만난 노오란 수선화처럼 가슴 벅찬 책 읽기였습니다.

 공부는 한자로 '工夫'라고 씁니다. '工'은 천天과 지地를 연결하는 뜻이라고 합니다. 그리고 '夫'는 천과 지를 연결하는 주체가 사람人이라는 것입니다. 공부란 천지를 사람이 연결하는 것입니다. 갑골문에서는 농기구를 가진 성인 남자로 그려져 있습니다. 인문학人文學의 문文은 문紋과 같은 뜻입니다. 자연이라는 질료質料에 형상을 부여하는 것입니다. 그것을 사람이 한다는 것입니다. 농기구로 땅을 파헤쳐 농사를 짓는 일이 공부입니다.

    공부는 살아가는 그 자체입니다. 우리는 살아가기 위해 공부해야 합니다.

―《담론》

    우리는 가슴이 울먹울먹해지는 사연부터 진한 사색의 향기가 가득한 부분들을 담담하게 낭독하였습니다. 저마다 자신이 읽은 구절들에 대해 의견을 덧붙였습니다. 펼친 페이지마다 밑줄이 빼곡합니다. 선생께서 감옥에서 보낸 엽서와 붓글씨에 대해서도 참 많은 이야기를 하였습니다. 시대를 일깨우는 스승의 글을 읽을 수 있어 무척 행복하였습니다. 향기로운 매화차를 마시며 독서 모임에 모인 벗들과 함께 봄을 시작합니다.

강마을에서 보내는 독서 편지

위로와 휴식은 집 안에 있다

《조용헌의 백가기행》, 조용헌

집이 그 사람의 신분이 되었다. 주住야말로 의衣와 식食을 능가하는 위치로 등극했다. 그러다 보니 현대인들은 집의 노예가 되었다. 죽기 살기로 돈을 모아서 집을 산다. 생존을 충족시키기 위한 집으로부터 출발하여, 신분을 나타내는 집에 이르기까지 그 스펙트럼이 실로 다양하다. 집은 볼 만한 구경거리이다. 필자가 백가기행百家紀行을 결심하게 된 계기는 여기에 있다.

―저자의 〈서문〉 중에서

이 책에는 '돈으로서의 집, 신분으로서의 집'이라는 고정관념을 깨는 장성 축령산 자락에 있는 한 평의 집부터 경주 최 부잣집과 같은 명부名富의 집, 경남 지수면 의부義富의 집, 차를 마시는 다실茶

室 등이 작가의 지론인 '가내구원家內救援의 의미로 소개되어 있습니다.

동양학자이자 칼럼니스트인 청운 조용헌 선생의 글을 무척 좋아합니다. 매주 월요일이면 신문에 연재되는 그의 칼럼을 읽는 것이 즐거움 중의 하나입니다. 사주, 풍수, 한의학에 대한 해박한 지식을 바탕으로 특유의 직설적 화법으로 이야기를 전개하여 읽는 이를 즐겁게 합니다.

제가 사는 아파트의 당호는 다문재茶文齋입니다. 십여 년 전 이사하면서 이름을 지었습니다. 차를 마시며 글을 쓰겠다는 의지를 담았습니다. 멀리 합포만이 보이고 오 분 정도 걸으면 무학산 학봉을 볼 수 있고, 고운 최치원이 거닐었던 산책길이 있습니다. 여기에서 공부하고 싶었습니다. 사람의 마음이 참 중요한가 봅니다. 집 이름을 짓고 엽서와 편지 끝에 '다문재茶文齋에서 보냄'이라 열심히 사용하다가 사는 일이 바빠 잊고 있었습니다. 그러다 후두둑 꽃비가 내리는 오후였습니다. 베란다에서 봄 풍경을 바라보다 폭풍처럼 다가온 깨달음이 있었습니다.

'아, 이 집 이름이 다문재茶文齋였지!'

몇 권의 책을 출간하고, 늦은 나이에 대학원을 진학하여 공부하였고, 작은 독서 모임을 만들어 책 읽기의 즐거움을 함께하였습니다. 어쩌면 나에게 공부하도록 도움을 준 것이 집이 아닐까? 당호의 의미조차 잘 모르면서 작은 집에서 꿈 이야기한 것을 성주께서

들었으리라는 생각이 듭니다. 내 곁에서 따듯하게 격려하셨고 어리석은 나를 일깨워 주셨다는 것을 이제 알겠습니다. 아, 감사합니다.

도서관에서 바라보는 강마을은 분홍 복사꽃과 흰 자두꽃이 눈부신 봄 풍경을 보여줍니다. 봄이 농익어 있습니다.

관심은 마음에 심는 것이다

─────────

《피프티 피플》, 정세랑

오늘은 노트북을 펼치고 그냥 앉아 있었습니다. 지난주 읽은 책을 손에 들고 뒤적거렸습니다. 이렇게 서평 쓰기는 늘 숙제처럼 저와 함께합니다. 책 읽기를 좋아하고 도서관과 오래된 책 냄새를 아끼는 사람이지만, 막상 책에 관한 글의 서두가 풀리지 않을 때는 참 난감합니다. 결국 낡은 수첩을 뒤적거렸습니다. "신이 선물을 보낼 때는 '문제'라는 종이에 포장해서 보낸다.", "결국, 원칙을 지키는 길이 가장 빠른 길이라는 이야기이다." 수첩에는 몇 년 전의 고민이 가득하였고 자신을 다독이는 글귀들로 스스로 위로하고 있었습니다.

생각해 보면 힘들지 않은 때는 없었습니다. 그래서 저는 수첩에

해야 할 일을 번호 붙여 꼬박꼬박 적어 나가고 있습니다. 매주, 매월 언제나 일이 없었던 적은 없었고 새로운 일들도 만들었습니다. 원고 마감 날짜, 학교 행사 준비, 고사 출제, 학생부 마감 외에도 많은 고민과 자신에 대한 질책을 행간에서 읽어낼 수 있습니다.

그중 제 마음에 들어온 한 구절은 "관심은 마음에 심는 것이다. 신데렐라처럼 마법의 구두가 있다면 그것은 관심이다. 구두는 발에 신는 거지만 관심은 마음에 심는 것이다. 아이에게 보내는 관심은 아이의 미래를 결정짓는다."라는 것입니다. 느슨해지는 제 마음에 심어야 할 따뜻한 관심의 씨앗에 대해 생각해 보았습니다. 갑자기 힘이 납니다. 이제 책 이야기를 시작합니다.

제가 읽은 책은 정세랑 작가의 《피프티 피플》입니다. 오십 명의 이야기가 강물처럼 흐르는 글 속에서 삶의 편린片鱗들이 인상적입니다. 한 명 한 명이 주인공이 되어 고민하고 사랑하고 아프고 미워하는 모습이 직녀의 베틀에서 날실과 씨실이 되어 한 권의 소설로 완성됩니다. 새로운 시도이고 그들의 연결고리를 찾는 것도 무척 즐거웠습니다.

작가의 내공이 대단합니다. 끔찍하게 피 흘리는 사건이 그녀의 글 속에서는 무심한 듯 고요하게 독자를 향해 서술되지만, 정확하게 메시지를 전달합니다. 이 사회를 구성하고 움직이는 것은 결국 사람이라는 사실을 큰 메시지에 홀려 우리는 가끔 잊어버립니다.

작가는 사람들의 물결을 일으키고 있습니다. 사람이 중요합니다.

 독자와의 적당한 밀당으로 흥미를 적절히 자극하는 맛도 무척 좋습니다. 손에서 책을 놓지 못하게 합니다. 이 가을, 기분 좋은 한 권의 책 《피프티 피플》을 추천합니다.

강마을에서 보내는 독서 편지

과학기술이 만든 디스토피아

《멋진 신세계》, 올더스 헉슬리

청보리 물결이 바람을 타고 흔들리는 오월입니다. 어린이날과 어버이날이 겹쳐 있는 탓에 감사 인사를 하러 몇 곳을 다녀왔습니다. 무리하게 농사일을 하신 어머니께서 잠시 입원하셨습니다. 그리고 퇴원하셨기에 온 가족이 모였습니다. 아프신 어머니께서야 죽을 드셨지만, 시골 마당 숯불에 고기를 구워 먹었고, 우리는 밤늦게까지 이야기를 깊게 하였습니다. 먼 길을 달려와 피곤하였지만 끈끈한 가족애를 느끼는 날이있습니다. 다 자란 조카들을 흐뭇한 시선으로 바라보는 삼촌의 행복한 얼굴은 산기슭을 타고 내려오는 아카시아 향기를 머금었습니다.

이런 고전적 행복 뒤에는 부엌에 쌓인 엄청난 설거지와 다시 돌아가야 할 귀갓길이 남아 있고, 할머니의 잔소리에 담긴 따뜻한 애정이 지겨운 아이들은 몰래 핸드폰으로 게임을 하였습니다. 대학생이 된 조카는 벌써 취업을 걱정하고, 여자 친구가 있느냐는 장난스러운 물음에 얼굴이 붉어졌습니다. 우리의 미래는 어떤 모습일까 하는 생각을 하면서 연휴 동안 읽은 책이 있습니다. 올더스 헉슬리가 쓴 《멋진 신세계Brave New World》입니다.

소설가 헉슬리가 만드는 미래는 모두가 늘 행복한 사회입니다. 이것은 인간들의 유전자와 정신의 조작으로 얻어진 결과입니다. 런던의 인공부화와 조건반사 센터의 34층에 있는 수정 부서에서는 시험관에서 행복한 삶을 살기 위해 주민들이 태어날 준비가 이루어집니다. 멋진 신세계의 주민은 이미 태어나기 전부터 시험관에서 삶의 형태가 결정됩니다. 헐~ 이렇게만 되면 진로에 대한 고민이 사라지고, 시험관에서 부여받은 자기 역할을 수행하며 행복하게 살 수 있는 멋진(?) 신세계를 만날 수 있을까요?

이곳에서 태어나는 태아는 다섯 종류의 상자에서 생산됩니다. 개인의 운명은 실험실에서 결정되는 것입니다. 2540년의 신세계는 포드가 T모델 자동차를 세계 최초로 컨베이어 시설에서 생산하여 소비의 시대를 열었던 때부터 632년이 지난 시점입니다. 결국 '포드'가 신입니다. 그리고 '모든 것이 행복하라!'는 가르침이 이 세계에 잘 드러납니다.

헉슬리의 신세계에서는 가족이 없습니다. 실험실에서 만들어진 그들은 '부모'라는 단어의 의미를 정확하게 알지 못합니다. 이런 인간들과 반대되는 인물이 야만인 '존'입니다. 그는 인디언 보호구역에서 성장하여 미개하고 더러운 생활을 하였지만, 존은 금서인 '셰익스피어'를 읽었습니다. 그는 이 세계를 통제하는 지배자와 대화에서 불편함을 느끼며 자신의 권리를 주장합니다. "나는 신을 원하고 문학도 원해요. 진정한 위험에 처해보는 것도 원하지요. 내가 원하는 것은 자유입니다. 선도 원하지만 죄도 원하지요." 이 말에 세계의 지배자가 질문합니다. "당신은 불행해질 권리를 요구하는군. 늙고 추하고 생식 불능이 되는 권리는 말할 필요도 없고, 성병과 암에 걸릴 권리, 먹을 것이 없거나 이들이 들끓을 권리, 매일 자신에게 어떤 일이 닥칠지 모를 권리, 장티푸스에 걸릴 권리, 고문을 당할 권리도 원한다는 말인가?" "예, 난 그런 권리를 원해요."

"왜 그것이 금서가 되었나요?" "낡았기 때문이지. 그것이 주된 이유일세. 이곳에서는 낡은 것은 전혀 쓸모가 없단 말일세." "그것들이 아름다워도 그렇습니까?" "특히 아름다운 것이면 더욱 그렇지. 아름다움은 매력적이거든. 그런데 우리는 낡은 것에 사람들이 매혹되는 것을 원치 않아. 사람들이 새로운 것을 좋아하기를 바라는 입장일세."

헉슬리는 이 소설을 통해 과학과 기술이 만들어 낼 수 있는 가장 부정적인 암흑세계를 그려냄으로써 현실을 날카롭게 비판합니다.

이러한 문학 작품이나 사상을 '디스토피아'라고 합니다. 그는 과학이 인간으로부터 유리될 때 나타나는 위험한 경향을 미래 사회로 확대 투영함으로써 궁극적으로 우리가 지향해야 할 바를 제시한다고 볼 수 있습니다.

 산기슭에 아카시아 향기는 바람을 타고 흐릅니다. 그 향기를 따라 불행해질 권리를 요구하는 존의 모습을 생각합니다. 내 삶의 주체는 과연 나인가? 소비의 주체가 나인가? 이런 물음에 정확히 답하는 삶을 살고 싶습니다.

비가 내리면 혹시…

―――――――

《언어의 정원》, 신카이 마코토

우렛소리 희미하고 구름이 끼고
비라도 내리면 그대 붙잡으련만

빗물이 수면을 두드리는 소리와 바람이 나무를 흔드는 소리, 사박사박 흙을 밟는 소리에 동박새가 지저귀는 맑은 소리가 섞이고, 흑송 너머 수면 위로 진달래의 분홍빛, 단풍나무의 초록과 같은 것이 오감을 타고 흐릅니다. 《언어의 정원》은 신카이 마코토 감독의 동명 영화를 소설로 쓴 작품입니다.

구두장이를 꿈꾸는 고등학교 소년 나가오와 신비로운 느낌의 연상의 여인 유키노는 비 오는 아침 조용한 공원의 정자에서 만났습니다. 방황하며 앞으로 나아가고자 하는 두 사람 이야기가 아름다운 미장센으로 표현됩니다. 이 책의 원작 애니메이션이 워낙 유명하다 보니 많은 이의 입에서 '미장센이 멋지다'라는 찬사를 듣습니다.

　미장센Mise-en-Scène은 광의의 개념으로 '카메라에 찍히는 모든 장면을 사전에 계획하고 밑그림을 그리는 것'을 말합니다. 제한된 장면 안에서 대사가 아닌, 화면 구도, 인물이나 사물 배치 등으로 표현하는 연출자의 메시지, 미학 등이라고 할 수 있습니다. 미장센은 한 화면 속에 담기는 이미지의 모든 구성 요소들이 주제를 드러내도록 하는 감독의 작업을 가리키는 말로 아무래도 '미학적 완성도'가 아닐까 하는 생각이 들었습니다.

　모두가 열광하는 신카이 마코토 감독의 미장센은 비, 구두, 시가(언어)로 함축된다고 할 수 있습니다. 비가 오는 날에 만나는 남녀의 모습과 구두를 만드는 소년이 여인을 위해 신발을 만들고, 이 모든 것은 고전 시가로 귀결됩니다.

　책을 읽고 영화 동아리반 학생들과 애니메이션 《언어의 정원》을 함께 보았습니다. 역시 아름다운 미장센이 압권이었습니다. 귓가에 빗소리 들리는 듯하고 유키노처럼 공원의 정자에서 초콜릿을 안주로 맥주를 마시고 싶어지는 유치한 감상에 젖어 들었습니다.

　　　우렛소리 희미하고 비가 오지 않아도

나는 여기 머무르오 그대 가지 마라 하시면

일찍 철이 들어버린 소년과 아직도 소녀의 마음으로 살아가는 여인 이야기가 강나루를 건너오는 봄빛처럼 아름답습니다.

짐승으로 내모는 삶, 좌절하는 인간

《낙타 샹즈》, 라오서

산기슭을 밝히는 매화 향기가 차고 맑은 아침 기운과 잘 어울리는 날입니다. 음력 2월은 바람의 계절입니다. 맵싼 기운이 휘몰아치는 바람과 만나 변화무쌍함을 드러냅니다. 작은 풀 한 포기도 햇볕과 바람과 비를 만나야 꽃을 피울 수 있습니다.

'내가 소개하고자 하는 이는 샹즈이지 낙타가 아니다.' 문장으로 시작하는 소설이 《낙타 샹즈》입니다. 1930년대 중국의 변화 속에서 북경의 인력거꾼 샹즈는 농촌에서 올라와 인력거를 끌며 생계를 유지합니다. 낙타라는 별명을 가진 그는 건장한 몸을 바탕으로 근검절약하고 성실하게 살아가지만 성공하기는커녕 타락의 나락으로 떨어집니다.

당시 중국은 서구 여러 나라와 일본 등이 중국을 침략하는 가운데 나라가 기울어 가고 있었고, 국민당이 집권하고 있었지만, 부정부패와 혼란이 극에 달하여 사회주의 혁명 운동이 빠르게 확산되고 있었습니다. 그런 정치적 혼란의 중심에 북경이 있었고 작가 라오서는 정치적 혼란의 모습을 직접 다루기보다는 가장 밑바닥 삶을 사는 인력거꾼 샹즈의 살아가는 모습을 통해 당시 사회의 어둠과 혼란을 드러내고 있습니다.

> 사람들은 자신을 짐승에서 끌어올렸다. 그러나 여전히 자신과 같은 부류를 짐승으로 내몰고 있다. 문화의 도시 북평에 살고 있지만 다시 짐승이 되고 말았다….
> 추호도 그의 잘못이 아니다. 생각을 멈췄기에 설사 살인을 한다고 해도 아무런 책임이 없다. 더 이상 희망을 품지 않는다. 그냥 그렇게 몽롱하게 아래로 끝없는 심연으로 떨어져 간다…. 지금은 눈앞의 일만을 생각하기로 했다. 경험을 통해 그는 내일은 오늘의 연속이며, 내일이란 다시 오늘의 굴욕이 이어지는 날일 뿐임을 알게 되었다.
> ―《낙타 샹즈》

작가 라오서는 '사람'의 운명을 통해 현실과 사회를 표현하고자 하였습니다. 평범하고 소박하게 사는 소시민 계층, 하루하루를 겨우 사는 도시 빈민의 모습이 이 작품을 통해 잘 나타납니다. 샹즈의 별명인 '낙타'라는 말에는 그가 살아온 고단한 삶이 고스란히 드러납니다. 낙타는 평생 무거운 짐을 지고 사막을 뚜벅뚜벅 쉼 없이 건너갑니다. 아무리 애를 써도 헤어날 수 없는 것이 당시 중국 사회의 비극입니다. 그래서 희망과 사랑을 잃은 사람은 누구나 샹즈처럼 자포자기의 나락으로 떨어질 수 있는 것이 아닐까요?

'현재 대한민국의 젊은이가 사는 삶이 샹즈와 다를까?' 얼어붙은 경제로 취직이 되지 않아 결혼과 연애를 포기하고, 결혼하더라도 아이를 낳지 않는 그들의 모습이 겹쳐집니다.

점심을 먹고 학교 뒷마당 쪽으로 산책하니, 봄논의 초록빛 마늘밭이 싱그럽습니다. 건장한 근육의 젊은이처럼 잘 자란 줄기와 푸른 잎은 지난겨울을 잘 이겨낸 훈장입니다. 지금의 고단한 현실을 나처럼 잘 이겨보라고 저에게 말 없는 메시지를 보내는 것 같습니다. 봄은 벌써 우리 곁에 와 있습니다. 향기로운 새봄 되시기 바랍니다.

그는 위대한가?

《위대한 개츠비》, 스콧 피츠제럴드

1920년대는 미국의 역사에서 매우 중요한 시기입니다. 라디오는 소리를 통해 전자제품을 광고하여 사람들을 유혹하였고 자동차 산업의 활성화로 철강, 석유 도로 건설 등이 동반성장 하였으며, 출퇴근이 가능하게 된 사람들이 도시의 외곽에 집을 짓게 됩니다. 산업의 성장으로 증시는 끝없이 상승하는 화려한 부와 재즈의 시대, 그 모습을 잘 드러냈다고 평가받는 소설이 《위대한 개츠비》입니다.

이 소설을 읽으며 가장 먼저 가진 의문은 '개츠비는 정말로 위대한가?'였습니다. 가난한 군인 장교 개츠비는 꿈과 야망을 실현하기 위해 수단과 방법을 가리지 않고 밀주와 같은 불법적인 사업으로 부자가 됩니다. 옛 연인이었던 데이지를 만나기 위해 호화찬란한 파티를 열고 그녀와 관련 있는 사람들을 사귑니다.

　부유한 톰과의 불행한 결혼생활 속에서 물질적 안락함에 안주하며 사는 속물적인 첫사랑의 연인 데이지를 만나 사랑을 갈구하고 그녀가 낸 자동차 사고도 자신이 뒤집어쓰고 죽습니다. 하지만 그녀는 개츠비의 장례식에도 참석하지 않고 톰과 여행을 떠나버린 후 조화 하나 보내지 않습니다. 화려한 파티와 상류사회 여인에 대한 동경으로 남의 아내를 탐하는 개츠비가 제 눈에는 결코 위대해 보이지 않았습니다.

　당최 위대해 보이지 않은 개츠비가 '위대한 개츠비'라는 사실 때문에 고민스러웠습니다. 느끼한 불륜남이 유부녀를 꼬여내려다 죽은 치정극처럼 보였습니다. 데이지의 남편 톰은 상류사회의 거만함과 위선으로 가득하며 부도덕한 여자관계를 보여줍니다. 막장 드라마의 한 장면을 연상시킵니다. 개츠비가 위대한 이유를 알기 위해 저는 다시 천천히 읽었습니다.

　　　그럼 황금 모자를 쓰려무나
　　　그래서 그녀의 마음을 움직일 수만 있다면
　　　그녀를 위해 높이 뛰어오르려무나
　　　높이 뛰어오를 수 있다면
　　　그녀가 이렇게 외칠 때까지
　　　"사랑하는 이여.

황금 모자 쓰고 높이 뛰어오르는 사랑이여,
당신을 차지해야겠어요!"

책의 표지를 넘기면 나오는 이 시를 읽으며 황금 모자를 쓴 개츠비를 생각하였습니다. 그의 외로움, 그의 사랑, 그의 순정이 보였습니다. 개츠비의 모습이 다르게 보였습니다. 조금 위대한 모습이 보이면서 불륜남에서 귀여운 순정남으로 전환되었습니다. 톰과 데이지로 대변되는 무질서, 무책임, 도덕적 혼란으로 타락한 젊은이들은 가치관의 혼란으로 방향타를 상실하고 술과 재즈로 뒤엉킨 화려한 파티를 지속하였습니다. 이런 시대에 물질이 아닌 사랑을 좇는 그 남자, 개츠비는 어쩌면 위대한 사람이 아닐까요.

이 소설의 '위대한' 속에 숨은 은유는 무엇일까요? 첫사랑의 여인을 찾기 위해 그녀의 집이 보이는 바닷가 저택을 구입한 후, 그녀를 기다리며 파티를 여는 개츠비의 순수한 사랑, 부가 넘치고 라디오에서 재즈가 흐르고 짧게 자른 머리를 흔들며 칵테일을 마시는 젊은 여인들이 넘치는 미국인의 삶, 1차 세계대전이 끝나고 침몰한 유럽 대신 막대한 이득을 챙기고 세계의 강자로 나선 미국의 위치, 산업의 비약적 발전으로 끝없이 상승한 주가와 증권가의 부흥.

아직도 많은 미국인은 1920년대 개츠비가 꿈꾸던 '위대한 미국인의 삶'에 대한 환상과 그리움을 가지고 있다고 합니다. 이 점을 트럼프 미국 대통령은 자신의 대선캠프에서 적절히 활용하여 사람들의 마음을 파고들었다는 이야기를 들은 적이 있습니다. 그의 대선 캠페인 용어는 '미국을 다시 위대하게 만들자Make America Great Again'입니다. 여기에 사용한 위대한, Great가 예상치 못한 선거 결과를 가져왔다고도 합니다. 사람의 마음을 움직인 언어이고 대중 속에 숨어 있는 감성을 찾아낸 말입니다. 이렇게 언어란 힘이 셉니다.

남쪽이라 봄이 일찍 시작됩니다. 양지바른 곳에 매화가 몇 송이 피었습니다. 어여쁜 첫사랑을 본 듯 반갑고 기쁩니다. 고운 봄을 맞이하시는 행복한 날 되십시오.

사자, 노인 그리고 소년

《노인과 바다》, 어니스트 헤밍웨이

독서 모임이 세 번째 겨울을 맞이합니다. 연말엔 작은 선물과 연하장을 주고받고 해외여행을 다녀오면 낯선 물건들을 가져와 즐거움을 더했습니다. 우리가 한 해의 끝자락에 읽기로 한 책은 《노인과 바다》입니다. 도심의 공간에 모여 인상 깊은 부분의 느낌을 말하는 '송년 낭독'에 적절한 책입니다. 성탄절 가까운 도시는 화려한 조명으로 들뜬 분위기지만 산티아고 노인의 손을 타고 내리던 근육의 경직처럼 깊고 오랜 빛깔의 소설을 늘여다보았습니다. 우리가 모인 곳은 노래를 부를 수 있는 마이크와 각종 탕을 끓이는 불판, 술과 음료를 먹을 수 있는 현란한 유흥의 장이었습니다.

떡과 오뎅, 만두가 들어간 얼큰한 라면 찌개, 골뱅이무침, 복숭아

통조림, 과일빙수 등이 펼치진 장에서 《노인과 바다》를 안주 삼아 벗들과 눈을 맞추며 열심히 먹었습니다. 그리고 저마다 책을 읽고 느낀 점을 이야기하며 우리의 한 해도 정리하였습니다. 책과 함께 하는 멋진 송년 모임이었습니다.

   저는 이 소설에서 인상 깊은 몇 개의 낱말들을 수첩에 적어보았습니다. 산티아고 노인, 멕시코만, 사자 꿈, 오래된 신문, 야구, 팔씨름, 상어, 피 냄새, 청새치 그리고 소년 등입니다. 분명 읽었던 소설인데도 펼치니 새롭습니다. 예전에 보이지 않던 내용이 자꾸 눈에 들어옵니다. 독자가 찾아낼 것이 많은 소설이 좋은 소설인 것이 맞나 봅니다. 노인은 바다를 영원한 여성으로 대합니다. 그러나 84일간 한 마리의 물고기도 잡지 못하고 85일째 되던 날 사람들이 가지 않는 먼바다에서 배보다 큰 물고기를 잡습니다. 고요하고 점잖으며 인생을 관조하는 멋진 청새치를 잡아오다 탐욕스러운 상어들에게 빼앗기고 뼈만 남은 물고기를 배에 매달고 항구로 귀환한다는 다소 짧은 소설입니다.

   노인은 매일을 사는 우리의 모습이 아닐까요. 늘 빈 배로 귀환하는 소시민이지만 내일 다시 낡은 돛을 달고 짙고 푸른 바다를 향해 나아갑니다. 아침에 눈을 뜨고 세상 속으로 출근하고 이따금 버거운 행운과 버거운 고통 사이에서 잠깐잠깐 졸면 그사이에 별빛은 쏟아지고 바다엔 날치가 뛰고 있습니다. 그렇지만 밤하늘의 별빛을 오래 바라보고 싶어도 잡은 낚싯줄을 놓지 못합니다. 그렇게 잡은 큰 물고기는 이전투구泥田鬪狗의 세상에서 날카로운 이빨을 가진 상어에게 뜯어 먹힙니다. 그래도 남은 꼬리와 머리를 배에 매달고 우리는 불빛 휘황한 항구 하바나를 향해 가야겠죠. 언덕 위 낡은 집에는 어제 신문이 있고, 침대에 누워 사자와 아프리카를 꿈꿀 수 있기 때문이죠. 그런 노인을 위해 소년은 커피 한 잔을 가져옵니다.

　노인은 왜 사자 꿈을 꾸는 걸까요? 사자에 대한 은유를 《차라투스트라는 이렇게 말했다》에서 철학자 니체는 인간의 삶에 대해 말합니다. "정신의 세 가지 변화를 나는 그대에게 말한다. 이렇게 정신이 낙타가 되고, 낙타는 사자가 되고, 사자는 어린애가 되는가."라는 글을 통해 그는 정신 변화를 '낙타–사자–어린이' 세 단계로 표현합니다. 무거운 짐을 지고 사막을 가는 낙타는 등에 실린 짐이 자기의 것은 아니지만 왜 그 짐을 짊어져야 하는지 모르고 걸어갑니다. 정해진 사회의 규범에 순응하며 살아가는 것입니다. 그러한 낙타가 자신의 용기와 자신의 기준을 가지면 사자가 됩니다. 자신이 해야 할 일을 알고 자신의 의지에 따라 행동하는 것이 사자입니다. 사자의 삶을 벗어나면 순진무구하며 어떤 억압과 구속에서도 벗어나 모든 것이 자유로운 어린아이의 삶이 됩니다. 니체는 자신의 삶을 예술적으로 보며 긍정적인 자아를 가진 사람은 '초인' 즉 '위버멘쉬'라고 하였습니다.

　노인의 사자 꿈은 '아직 굴레에 묶여 있지만 바다에서 의지를 가진 한 인간으로 물고기를 잡는 것이 아닐까' 하는 제 생각을 송년 모임에서 이야기하였습니다. 궁극적인 삶의 형태는 노인에게 미끼가 될 작은 생선을 가져다주는 눈 맑은 소년으로 귀결되는 것이라고요. 이 책에 나오는 멋진 말을 오래 기억하려 합니다. 그리고 노인처럼 바다를 향해 돛을 올리고 조각배를 저어갈 것입니다. 모두 행복한 송년 보내시기 바랍니다.

"하지만 인간은 패배하도록 창조된 게 아니야."
"인간은 파멸당할 수는 있을지 몰라도 패배할 수는 없어."

연어라는 말에는 강물 냄새가 난다

《연어》, 안도현

　공기에서 가을 냄새가 납니다. 아침 안개 무성한 강가의 희뿌연 물내음 속에서, 말갛게 피어난 은목서 꽃향기 사이에서 무어라 콕 집어낼 수 없는 계절의 체취가 느껴집니다. 집 근처 산에는 태풍이 지나간 자리에 우수수 떨어진 도토리와 꺾어져 내린 소나무 잔가지 수북한 곳에도 그의 그림자를 찾을 수 있습니다. 온몸으로 온 감각으로 새 계절을 맞이합니다.

　"연어, 라는 말 속에는 강물 냄새가 난다."

　이 문장으로 시작하는 안도현 시인이 쓴 소설 《연어》를 아침 독서 멘티와 함께 읽었습니다. 우리 학교에서는 교사 한 명에 서너

명의 독서 멘티를 묶어서 사제동행 독서하고 있습니다. 제 멘티와 의논하여 처음 읽은 책이 《연어》입니다. 다 읽고 난 뒤 감상을 이야기하였습니다.

손○영: 내가 만일 연어들의 지도자라면 무리의 희생을 강요하지 않고, 더 좋은 길로 가게 만들어야 한다고 생각한다. 은빛 연어는 어려움을 극복하는 멋진 지도자이고 책임감 있는 것 같다.

송○진: 첫 문장이 참 인상적이었다. 뭔가 글 전체를 더 잘 알 수 있는 듯한 느낌이 들었다.

이○훈: 읽고 나서 힘들 때면 굳센 용기를 갖고 앞으로 나가는 은빛 연어를 생각해야겠다.

"우리는 불행하게도 자기 자신이 어떻게 생겼는지 모른단다."
"왜"
"물고기들의 두 눈은 머리 앞쪽에 나란히 붙어 있거든."

　누나는, 연어들이 자신의 모습을 다른 연어들의 입을 통해 알게 된다고 말해주었다. 그러니까 다른 연어들의 입은 자신을 비춰주는 거울인 셈이다. (……)
　바다는 착한 짐승처럼 순해져서 건드리기만 해도 시원한 웃음소리를 낼 것 같다. (……)
　그리움, 이라고 일컫기에 너무나 크고, 기다림, 이라고 부르기엔 너무나 넓은 이 보고 싶음. 삶이란 게 견딜 수 없는 것이면서 또한 견뎌내야 하는 거래지만. 이 끝없는 보고 싶음 앞에서는 삶도 무엇도 속수무책일 뿐이다.

―《연어》

책 속의 아름다운 구절을 함께 읽으며 은빛 연어처럼 눈 맑고 빛나는 아이들과 도서관에서 두런두런 이야기를 나누니 참 좋습니다. 우리 앞에 가을 햇살 한 줌이 내려앉습니다.

아, 가을이 깊어지기 전에 그리운 벗에게 편지를 써야 할 것 같습니다. 예쁜 문장에 무학산 기슭에서 주운 낙엽 한 장을 붙여서 보내야겠습니다. 편지 한 장 써 보는 아름다운 가을 되십시오.

오빠의 죽음으로 표상된 민족사의 비극

《엄마의 말뚝》, 박완서

친정어머니께서 전화하셨습니다. 고구마줄기김치를 담가 두었으니 퇴근길에 들러 가져가라고 하셨습니다. 하지만 다른 일이 생겨 가지 못하게 되자, 어머니께서는 행여 딸이 좋아하는 김치 맛이 변할까 봐 계속 재촉하십니다. 어제 대학원 수업을 마치고 늦은 시간 친정으로 가 어머니도 뵙고 김치를 가져왔습니다. 집에 오자마자 아싹하고 매콤한 고구마줄기김치로 밥을 한 그릇 수북하게 먹었습니다.

행복한 밥상을 앞에 두고 친정어머니께서 계시지 않는다면 이 김치를 어디서 먹을 수 있을까 하는 생각을 하였습니다. 지천명을 지난 딸이지만 어머니의 눈에는 물가에 있는 아이 같은가 봅니다. 계절을 타서 꺼칠한 제 얼굴이 못마땅하신 듯 얼굴을 문질러 닦아 보라며 거즈 손수건 한 장도 쥐어주십니다. 이렇게 제 마음을 묶어놓을 말뚝이 가까이 계시는 것이 얼마나 좋은지요.

박완서 선생님의 소설 《엄마의 말뚝》을 읽었습니다. 억척 어멈 같은 어머니와 어머니의 말뚝이었던 오빠의 죽음으로 표상되는 민족사의 비극이 잘 드러나 있습니다. 3편의 연작으로 되어 있지만 세 편 모두 독립된 구조와 내용을 가지고 있어 따로 읽어도 같이 읽어도 좋은 훌륭한 소설입니다. 특히, 박완서 특유의 섬세하고 절제된 묘사력에 깊은 감동을 느낄 수 있었습니다.

> 엄마는 이렇게 몸서리를 치면서도 그 꼭대기에 새로 장만한 집이 대견해서 어쩔 줄을 몰랐다. 기둥 서까래까지 손수 양잿물로 닦아내고 구석구석 독한 약을 뿌리고 도배장판도 새로 했다. 집을 처음 산 걸 좋아하기보다는 저런 귀살스러운 집에서 어찌 살까 난감스럽기만 하던 오빠와 나도 매일매일 달라지는 재미에 학교만 갔다 오면 그 집에 붙어서 엄마를 거들게 됐다. 이사 가는 날은 커다란 무쇠솥을 새로 사서 엄마가 손수 부뚜막을 만들고 걸었다.
>
> ―〈엄마의 말뚝·1〉

삼우날 다시 찾은 산소에서 나는 어머니의 성함이 한 개의 말뚝이 되어 꽂혀 있는 걸 보았다. 정식 비석은 날포쯤 있어야 된다고 했다. 말뚝에 적힌 한자로 된 어머니의 성함에 나는 빨려들듯이 이끌렸다. 어머니의 성함 중, 이름을 따로 뜻으로 읽어보긴 처음이었다. 참으로 신기한 일이었다. 어머닌 부드럽고 나직하게 속삭이며 아직도 내 의식 밑바닥에 응어리진 자책을 어루만지는 것 같았다. 딸아, 괜찮다 괜찮아. 그까짓 몸 아무 데 누우면 어떠냐. 너희들이 마련해준 데가 곧 내 잠자리인 것을.

—〈엄마의 말뚝·3〉

    가을은 어느새 우리 곁으로 다가서 있습니다. 서늘한 바람결에 벌레 소리가 무성하고 뒷마당 벽오동 나무 열매는 갈색으로 버석거립니다. 들판에는 벼이삭이 무게를 이기지 못해 고개를 숙이고 대추나무 열매는 토실토실 여물었습니다. 참 좋은 계절입니다. 행복한 가을 보내시기 바랍니다.

여수 밤바다

《풍금이 있던 자리》, 신경숙

　질기고 무서운 폭염이 쏟아지던 여름의 끝자락에 지인들과 여수엘 갔습니다. 짙푸른 바다와 반짝이는 잎새가 아름다운 동백나무가 있는 돌산도의 끝자락 거북목에서 하루를 묵었습니다. 싱싱한 회를 갓김치에 얹어 먹을 때 바다는 먼 불빛으로 일렁이고 바람 속에 벌레 소리가 섞여 있었습니다.

　저녁을 먹고 바다가 보이는 찻집에 앉아 올봄 아버지를 여읜 지인의 이야기를 들었습니다. 금슬이 유난스러웠던 지인의 아버지께서는 아침을 준비하던 사랑하는 아내 얼굴도 보지 못하고 쿵 소리와 함께 쓰러지셨다고 합니다. 꽃을 사랑하여 집 주변마다 꽃을 심어두고 즐기셨던 아버지를 보내고 돌아와 보니 주무시던 창 앞에 홍매화가 유난히 붉게 피어 있더랍니다. 가고 없는 아버지의 손길이 닿았던 꽃밭과 진달래로 사태 진 산기슭마다 송이송이 핀 아버지의 모습에 눈시울이 붉어졌다고 합니다.

짙푸른 여수 바다로 가는 제 가방에 넣었던 한 권의 책은 이 시대 대표적 작가 신경숙의 오래전 소설 《풍금이 있던 자리》입니다. 이 소설은 고향으로 잠시 돌아간 화자가 그동안 지속해 온 불륜을 끝내기로 결심하기까지 하염없이 고민하며, 떠올린 상념들을 상대방에게 편지 형식으로 고백하고 있는 작품입니다.

화자는 사랑을 나누는 유부남으로부터 함께 떠나자는 제안을 받고 고향으로 내려옵니다. 그리고 어린 시절 매혹되었던 분꽃 같았던 아버지가 데려온 여인을 생각합니다. 모두가 손가락질하였지만 조선파같이 파랗고 뽀얀 그녀를 닮고 싶었습니다. 숙주나물에 청포묵을 얹었고 아름다운 고명이 있는 국수를 내었던 그녀는 가족의 행복을 위해 떠납니다. "나… 나처럼은… 되지 마!" 이렇게 말했던 그녀의 마지막 말을 기억하기 때문일까요. 화자 역시 가족이 있는 그를 떠납니다.

흔히 신경숙 작가에 대해 90년대 문학의 신호탄이란 말을 많이 합니다. 80년대가 남성 작가의 시대라면, 신경숙으로 대표되는 여성 작가군이 등장한 90년대는 '오디세우스의 귀환과 페넬로페의 가출'이라 명명되기도 하였습니다. 신경숙은 세계 대신 지역을 공동체 대신 개인을 더듬거리듯 속삭이듯 서정적인 문체로 써 내려가며, 독립된 주체로 거듭나기를 바라는 여성의 욕망을 표현합니다. 이 소설 속의 화자는 사랑하는 남자가 그의 가족을 버리고 함께 떠나려 하지만 이것을 거부하고 외롭고 서럽게 주체적 모습으로 나아갑니다.

여수 밤바다는 아름다웠습니다. 어느 가수 노래처럼 넘실거리는 지평선 위로 아스라이 비치는 고깃배의 불빛이 일렁일렁하였습니다. 바다로 향하는 거북 형상을 한 그곳에서 지인의 서러운 이야기를 듣는 사이에 바람은 그녀의 뺨을 스치며 위로하였습니다. 아버님을 보낸 슬픔에 젖어 있을 그녀의 어머니가 푸른 솔처럼 건강하고 씩씩하기를 기원하였습니다.

바람결에 서늘한 향기가 나고 저녁이면 들리는 벌레 소리가 청량합니다. 가을이 저만치 와 있나 봅니다. 멋진 그를 기다리는 한 주 되십시오.

시를 잊은 그대에게

《그대를 듣는다》, 정재찬

삼복지절입니다. 뜨거운 볕살은 화살처럼 몸에 와 꽂힙니다. 태양이 쏘는 화살에 맞은 저는 온몸이 어질어질하면서 빙그르르 세상이 돌아가는 듯합니다. 지난 토요일 무더위 속에 도시 재생 프로그램의 하나인 마산 창동 골목기행을 다녀왔습니다.

개그맨 김수영 씨가 같이 참가하여 골목골목을 다니며 구경하였고 먹자골목에서 잡채도 사 먹었습니다. 창동예술촌의 중심인 아고라광장 옆에는 마산의 아들, 이선관 시인 전시관이 있습니다. 육체적 장애를 딛고 온몸으로 노래하며 의지에 차 있던 시인의 모습이 겹쳐졌습니다. 다시 뵙고 싶지만, 유명을 달리하셨습니다. 예전 창동 작은 카페에 가면 시인의 모습을 자주 뵐 수 있었습니다.

최근 시를 잊은 우리 가까이에 시를 불러들인 정채찬 교수의 책을 읽었습니다. 조근조근 옆에 앉아 이야기하듯 쉽고 재미있게 시를 설명하고 느낄 수 있게 하는 책입니다. 조선시대 종로 거리에 책 읽어주는 사람인 '전기수傳奇叟'가 있었다고 합니다. 전기수는 책을 읽다가 가장 중요한 부분에 읽기를 멈추었다고 합니다. 그러면 사람들은 다음 부분이 듣고 싶어 엽전을 던졌다고 합니다. 지금도 드라마의 가장 중요한 대목에 광고를 하니 과거와 현대의 이야기꾼은 매체가 달라졌을 뿐 상술은 같나 봅니다.

영화, 드라마, 음악 등의 장르를 넘나들어 경계를 허물어 버리는 정채찬 교수식 시 읽기가 주는 즐거움은 읽는 내내 책을 놓지 못하게 하였습니다. 이 책 《그대를 듣는다》는 '시를 잊은 그대에게'라는 부제가 붙은 두 번째 권입니다. 두 권 모두 시를 가슴에 담을 수 있는 책입니다. 올여름 별빛이 쏟아지는 여행지에서 한 편의 시를 읽어보는 것은 어떨까요?

저도 창동 골목 기행을 다녀와서 창동 허새비로 불리던 이선관 시인의 시 한 편을 찾아 읽었습니다.

애국자

이선관

빛이
어둠을 사르는

새벽이었다.

문틈에선가
창틈에선가
벽 틈에선가
나의 침실로 깊숙이 파고드는

동포여!
하는 소리에 매력을 느끼다가
다시 한번 귀 기울여 들어보니

똥퍼여!
하는 소리라
나는 두 번째 깊은 잠에 취해 버렸다

　유신헌법이 서슬 퍼런 시절, 시인은 겁도 없이 '동포여'라고 외치며 세상을 향해 일갈하였습니다. 무지한 제자를 깨우치는 스승의 죽비 한 방처럼 멋진 시입니다. 뜨거운 여름, 뜨거운 시인들의 멋진 시를 읽는 여름 되시기 바랍니다.

Part ——— 2

강을 따라
흐르는
우정과 탈주

오리지널과 시뮬라크르

《방드르디, 태평양의 끝》, 미셸 투르니에

화단에 무수히 핀 원추리가 바람에 휠 듯 흔들리는 위태로운 태풍 전야입니다. 태풍의 영향권에 들어 있는 탓에 빗줄기는 와자작 쏟아지고 다시 멈추기를 계속합니다. 우수수 떨어진 푸른 나뭇잎들이 아파트 입구 쪽에 흩어져 있습니다. 물을 먹어 축 처진 호박잎이 산 가까운 밭쪽에 보입니다. 빗방울은 살아 있는 듯 이리저리 춤을 춥니다. 이 태풍의 발생지는 열대의 어느 바다일 것입니다. 끝없는 바다의 기운이 모이고 뭉친 덩어리는 점점 힘을 더하여 살아 있는 생명체처럼 움직이고 이동하고 소멸하겠지요. 그 바다의 끝에 한 사람이 난파당합니다. 그리고 혼자 오롯이 그곳에서 견디고 살다 구출된다는 영국 작가 대니얼 디포Daniel Defoe의 《로빈슨 크루소》를 미셸 투르니에가 뒤집어서 다시 쓴 소설이 《방드르디,

태평양의 끝》입니다.

최근 저는 이정우 선생의 철학 인터넷 강의를 들었습니다. 그중 현대를 '시뮬라크르의 시대'라고 한 표현이 와닿았습니다.

> 시뮬라크르simulacre는 포스트구조주의의 대표적인 철학자 프랑스의 들뢰즈Gilles Deleuze가 확립한 철학 개념이다. 공간 위주의 사유와 합리적이고 법칙적인 사유를 지향하는 20세기 중엽의 구조주의 틀을 이어받으면서도, 포스트구조주의가 이전의 구조주의와 구분되게 하는 데 핵심 역할을 한 중요한 개념 가운데 하나이다. 시뮬라크르는 원래 플라톤에 의해 정의된 개념이다. 플라톤에 의하면, 사람이 살고 있는 이 세계는 원형인 이데아, 복제물인 현실, 복제의 복제물인 시뮬라크르로 이루어져 있다. 여기서 현실은 인간의 삶 자체가 복제물이고, 시뮬라크르는 복제물을 다시 복제한 것을 말한다.
> ─두산 백과

《로빈슨 크루소》는 오리지널이고 《방드르디, 태평양의 끝》은 시뮬라크르일까요? 《로빈슨 크루소》에서는 로빈슨이 흑인 프라이데이를 하인으로 삼아 문명화시키고 말도 가르칩니다. 이런 제국주의적이고 식민주의로 가득한 대니얼 디포의 시선과 달리 《방드르디, 태평양의 끝》에서는 오히려 로빈슨이 흑인인 방드르디의 세계에 동화되고 방드르디가 로빈슨을 가르칩니다. 앞 소설에 나오는 프라이데이는 금요일이라는 뜻을 가진 흑인인데, 《방드르디, 태평양의 끝》에서는 방드르디도 프랑스어로 금요일이란 뜻입니다. 같은 단어인데 영어와 프랑스어로 표현됩니다. 프라이데이는 집안의 가구 같은 가치 없는 존재라면, 방드르디는 제목에 등장하는 주인공입니다. 표면적인 줄거리는 다 같은데 핵심적인 내용은 전혀 다른 것입니다. 마치 원조 간판이 달린 가게보다 옆 가게가 더 맛있는 경우와 비슷합니다. 이런 경우 원조라는 말을 쓸 수 있을까요? 현대는 수많은 원조가 있고 그 옆집에 원조의 맛을 새롭게 재창조한 맛집(?)이 탄생하는 시뮬라크르의 시대라는 것과 의미가 통합니다.

이 글의 저자 미셀 투르니에는 문명과 야만의 이분법적 경계를 비판한 구조주의 인류학의 창시자 레비스트로스의 영향을 받아 《방드르디, 태평양의 끝》을 썼다고 합니다. 그는 철학 전공자답게 동등한 인격과 저마다의 문화를 지닌 사람으로서 크루소와 방드르디를 인간 본연의 깊은 사유가 들어 있는 글로 표현하였습니다. 두 사람이 맺는 관계는 삶의 공존이었으며, 그들의 삶은 자연 속에서 함께 살아가는 아름다운 조화입니다.

어쩌면 태평양의 끝에서 생겨났을지도 모를 바다의 씨앗인 태풍이 휘몰아가는 비바람 소리를 들으며 이 책을 추천합니다. 태풍 피해 없으시기를 빌며 가내 평안하시기 바랍니다.

오늘 엄마가 죽었다

《이방인》, 알베르 카뮈

단오지절端午之節입니다. 바람은 향기롭고 어린모가 심어진 논은 찰랑거리며 수로로부터 들어오는 물들이 뜨거운 햇볕에 데워지고 있습니다. 그 옆으로 상추가 긴 줄거리를 세우고 꽃 피울 준비를 하고, 무수한 꽃송이를 터질 듯 품고 선 도라지가 싱그러움을 더합니다. 곧 주머니 같은 꽃봉오리는 흰색과 보랏빛의 아름다운 꽃들이 피어 여름 화단을 장식하겠지요. 첫여름이 다가서는 강마을 기슭에는 죽순이 불쑥불쑥 불경하고 외설스러운 모습으로 솟아오릅니다.

하늘은 벌써 태양으로 충만해 있고, 그 뜨거운 태양을 견디지 못해 살인을 저질러버린 청년 '뫼르소'를 생각합니다. 현실에서 소외되어 살아가는 현대인이 죽음을 앞두고 마주한다는 강렬한 실존주의 소설인 알베르 카뮈의 《이방인》을 읽었습니다.

오늘 엄마가 죽었다. 아니 어쩌면 어제Aujourd'hui, maman est morte.

이 유명한 문장으로 시작하는 이 소설은 첫 만남 자체가 강렬합니다. 뜨거운 태양이 내 앞에 훅 다가서는 듯 계속해서 뜨거움은 소설의 전반부를 장식합니다. 어머니의 장례식장으로 가는 길에도 끈적끈적한 햇살은 '뫼르소'의 머리를 어지럽히고, 여자 친구인 마리를 만나는 해변과 살인을 저지르는 곳에서도 태양은 그대로 작열합니다. 그 열기 속에서 뫼르소는 주변 사물에 대해서도 존재의 이유에 대해서도 허무의 시선으로 바라보며 자신을 소외시킵니다. 뫼르소는 현대인의 다른 모습인지 모르겠습니다. 무엇인가에 열중한 듯 보이는 많은 사람은 어쩌면 그저 군상들을 바라보는 허망한 눈동자의 뫼르소인지도 모르겠습니다.

점심시간이 가까워오는 강마을의 논에서는 뜨거운 열기가 바람을 타고 교무실로 날아옵니다. 비릿한 밤꽃 내음, 드물게 인동꽃과 치자꽃 향기가 섞여 있습니다. 또 여름은 어김없이 찾아왔습니다. 짙은 화장을 한 그녀는 벌써 우리를 뜨겁게 합니다. 그녀의 숨소리와 눈빛에 매료당한 저는 변명을 찾습니다.

"모든 게 저 뜨거운 태양 때문이야!"

나누며 살겠습니다

《홀로 사는 즐거움》, 법정

옷장을 정리하였습니다. 겨울옷을 옷장에 넣고 여름옷을 꺼내 자주 입는 옷은 옷걸이에 걸었습니다. 연예인도 아닌데 무슨 옷이 이렇게 많은지 깜짝 놀랐습니다. 하긴 오랜 직장 생활로 계절이 바뀌면 옷을 구입하는 일이 반복되다 보니 버리지 못한 옷이 늘어나 옷장을 가득 채웠습니다. 이참에 과감하게 안 입는 옷을 골라 기부하려 담으니 큰 가방 두 개가 나옵니다. 쓰지 않는 가방과 스카프도 아깝다 생각하지 않고 정리하니 쇼핑백에 가득합니다. 이것을 재활용 매장에 가져다주고 돌아오는 발길은 무척 가벼웠습니다. 돌아오다 근처의 헌책방에 들러 책을 가져왔습니다. 집의 책은 넘치고 넘쳐 이미 포화상태인데도 또 책을 사 왔습니다. 끊임없이 무엇인가를 사들여서 소비의 탑을 쌓아 올리는 자기 모습을 보며,《무소유》라는 책으로 깨우침을 주셨던 법정 스님 생각이 났습니다.

초파일 가까운 도심의 절에는 무수한 등불이 어둠을 밝히고 있습니다. 제 삶이 욕심으로 얼룩지고 미움이 가슴을 찌를 때면 버릇처럼 법정 스님의 책을 꺼내 찬찬히 몇 시간을 읽었습니다. 옷장에 가득한 옷들과 여기저기 뒹구는 책들, 부엌을 채우는 많은 요리 기구는 욕심의 흔적처럼 보입니다. 시린 샘물 같은 그분의 글을 읽으며 마음에 자라난 이기심과 미움과 욕심의 잡초를 뽑았습니다. 뿌리 깊은 그네들을 모두 제거하지는 못하였지만 그래도 몇 개의 풀들은 솎아졌나 봅니다. 올해는 옷을 사지 않으리라 다짐해 봅니다. 그 돈으로 '미얀마의 아이들을 위한 학교 짓기에 보태리라.' 이런 기특한 다짐이 저를 기분 좋게 만들어 줍니다.

현대인들은 행복의 기준을 흔히 남보다 많고 큰 것을 차지하고 누리는 데 두려고 한다. 수십 억짜리 저택에, 또 몇 억짜리 자동차에, 몇 억짜리 무슨무슨 회원권을 지녀야 성이 차 한다.
물론 행복은 주관적인 가치이므로 한마디로 이렇다 저렇다 단정적으로 말할 수는 없지만 행복은 결코 많고 큰 데만 있는 것은 아닐 것이다.
적거나 작은 것을 가지고도 고마워하고 만족할 줄 안다면 그는 행복한 사람이다. 현대인들의 불행은 모자람에서가 아니라 오히려 넘침에 있음을 알아야 한다. 모자람이 채워지면 고마워하고 만족할 줄을 알지만, 넘침에는 고마움과 만족이 따르지 않는다. (……)

> 우리가 세상을 살아가는 일도 이와 같다. 순간순간 한 걸음 한 걸음 내딛으며 산다. 문제는 어디를 향해 내딛느냐에 있다. 당신은 지금 어느 곳을 향해, 한 걸음 한 걸음 내딛고 있는가.
>
> ―《홀로 사는 즐거움》

향기롭고 푸른 오월이 저물어갑니다. 계절의 여왕답게 도시의 거리에는 덩굴장미 눈부시고 초록이 폭포를 이루는 산과 들은 싱그러움 가득합니다. 이 아름다운 계절 앞에서 제 마음밭을 들여다봅니다. '나누며 살겠습니다. 고마워하며 살겠습니다. 어려운 이와 더불어 살겠습니다.' 이런 고운 씨앗을 심어야겠다고 맹세합니다. 미움과 어리석음의 잡초를 뽑은 그곳에 착한 씨앗을 심고 가꾸는 오월 되시기 바랍니다.

냉장고 세탁기가 없어도 괜찮아

《궁극의 미니멀라이프》, 아즈마 가나코

아침 등굣길 학생 맞이를 위해 정문에 서니 '깨르륵' 하고 개구리 소리 비슷한 것이 들립니다. 경칩이 지났으니 봄이라고 성급하게 잠을 깬 개구리가 춥다고 투덜거리는 모양입니다. 봄서리가 하얗게 내린 강마을은 아직은 바람 끝이 맵습니다. 하얀 꽃대를 올린 냉이며 광대나물과 봄까치꽃이 모두 하얀 면사포를 두르고 있습니다. 이 서리도 금세 녹겠지요. 그리고 사라질 것입니다. 그 자리에 수많은 봄꽃이 잔치하듯 피어날 것입니다.

경남 함안군의 입곡저수지 둘레길을 벗들과 걸었습니다. 산수유가 피었고, 매화는 봉글봉글 하얀 꽃망울 손을 대면 터질 듯 보였습니다. 수선화는 매끈한 잎사귀 사이사이 꽃망울을 숨기고 있었

강마을에서 보내는 독서 편지

습니다. 봄 저수지 흔들다리에서 보니 덩치 큰 흰 새들이 떼를 지어 날아다닙니다. 축제의 전야처럼 그렇게 싱숭생숭한 들과 산은 수런수런 무어라 저희끼리 말하는 소리가 웅웅거립니다. 참 좋은 날입니다. 봄도 좋지만 봄이 오려는 그 시점에 산과 들은 젊은이의 눈매처럼 그렇게 싱그럽고 시원하였습니다.

벗들과 작은 이벤트를 하였습니다. 입다가 지겨워진 옷이나 모자, 스카프 등을 들고 와서 바꾸자고 하였더니 모두 몇 개의 물건을 가져왔습니다. 밥을 먹으며 서로 입어보고 둘러보며 즐거운 시간이었습니다. 옷장만 차지하던 카디건이 벗의 새 옷이 되고, 꼭 한번 쓰고 넣어두었던 모자는 새 주인을 만났습니다. 저의 스카프는 친구의 외투 위에 얌전하게 매어 있는 것을 보며 행복하였습니다. 이것이 미니멀라이프의 실천이라는 생각을 하였습니다.

불필요한 물건이나 일 등을 줄인 단순한 생활방식을 뜻하는 미니멀라이프minimal life가 많은 사람의 관심을 끌고 있습니다. 절제를 통해 일상생활에 꼭 필요한 적은 물건으로도 만족과 행복을 추구하며 살아가는 방식을 말합니다. 이러한 생활방식을 실천하는 사람들을 미니멀리스트minimalist라고 부릅니다. 불필요한 것을 제거하고 사물의 본질만 남기는 것을 중심으로 단순함을 추구하는 예술 및 문화 사조인 미니멀리즘minimalism의 영향을 받아 2010년대 즈음부터 인생에서 정말 소중한 것에 집중하여 사기 본언의 모습을 찾아가는 데에서 행복을 찾는 것이라 할 수 있습니다.

《궁극의 미니멀라이프》라는 책은 일본의 도시에서 월 전기료 500엔에 냉장고, 세탁기, 휴대폰 없이 텃밭에서 오골계, 메추라기 키우며 미니멀라이프를 실천하는 삼십 대 일본 가정주부의 이야기입니다. 옷장과 수납장에 넘치는 물건들과 쓰레기에 파묻혀 지내면서 편리만을 추구하는 우리 삶을 다시 점검해 볼 필요가 있습니다. 냉장고도 세탁기도 없이 사는 그녀는 이렇게 묻습니다. "그것은 꼭 필요한 것인가요?" 정말 우리가 가진 많은 것들이 필요한가에 대한 의문을 가지며 살아야 한다는 생각을 이 책을 읽으며 하였습니다. 이 책은 버리지 않기 위해 먼저 '사지 않기'를 강조합니다. 못 쓰게 되었다고, 낡았다고 자꾸 버리고 새로 사는 것은 풍요로움이 아니라 물건의 죽음이라고 볼 수 있다고 합니다.

봄이 오는 강마을에서 도시의 집으로 퇴근하니 커다란 택배 상자가 기다리고 있습니다. 제주도 민박집이 나오는 TV 프로에서 와플 메이커를 보고 인터넷으로 주문한 것입니다. 어쩌나? 책을 읽고 벗들과 옷을 바꾸어 입으며 미니멀라이프를 실천한다더니 와플메이커는 집에 버티고 서서 저를 당황시킵니다. 강마을 볕 바른 언덕에 매화가 피었습니다. 아름다운 봄이 곁에 왔습니다. 행복한 새봄 되십시오.

강마을에서 보내는 독서 편지

여성이라는 굴레

《82년생 김지영》, 조남주

　설날이 코앞입니다. 시골의 고모님께서 떡국 떡을 하셨다며 한 자루를 보내주셨습니다. 흰쌀 떡국에 고명을 얹어 먹으니 설이 가까워졌다는 느낌이 확 다가섭니다. 4형제가 모두 모이는 설날에는 식구들이 이십여 명이 넘습니다. 설거지가 한 번에 산더미처럼 나옵니다. 돌아서면 밥을 해야 하고, 그사이 차례에 쓸 부침개도 부치고 나물과 탕을 준비하는 명절은 바쁘고 부산스럽습니다. 명절이 되어 모처럼 얼굴을 보고 이야기도 하고 밥도 함께 먹으니 반갑습니다. 하지만 아무리 세상이 변해도 아이를 낳는 것과 육아의 대부분은 여성의 몫이고 집안일도 엄마의 일입니다. 명절은 여성의 노동 위에 세워신 것이 아닐까요.

한국 사회에서 여자로 살아가는 일이 얼마나 힘들고 고통스러운가에 대해 다룬 한 편의 책을 읽었습니다. 조남주 작가의 《82년생 김지영》입니다. 이 책을 독서 모임에서 한 페이지씩 돌아가면서 낭독하였습니다. 소재와 내용의 전개가 나이 관계없이 모두를 격하게 공감하게 합니다. 이 이야기가 82년생이 아닌 전 세대를 아우르는 경험의 집합체임을 알 수 있었습니다.

82년생 김지영 씨와 그녀의 어머니 오미숙 씨의 삶 속에서 여성이라는 굴레를 생각하며 읽었습니다. 가족을 위해 자신의 희생으로 버티어온 어머니 오미숙 씨와 우리 시대의 삼십 대 여성 김지영 씨의 여성으로서의 삶은 한 걸음도 더 나아가지 않은 듯합니다.

> 김지영 씨는 얼굴형도 예쁘고 콧날도 날렵하니까 쌍꺼풀 수술만 하면 되겠다며 외모에 대한 칭찬인지 충고인지도 계속 늘어놓았다. 남자 친구가 있느냐고 묻더니 원래 골키퍼가 있어야 골 넣을 맛이 난다는 둥 한 번도 안 해 본 여자는 있어도 한 번만 해 본 여자는 없다는 둥 웃기지도 않는 19금 유머까지 남발했다. 무엇보다 계속 술을 권했다. 주량을 넘어섰다고, 귓갓길이 위험하다고, 이제 그만 마시겠다고 해도 여기 이렇게 남자가 많은데 뭐가 걱정이냐고 반문했다. 니들이 제일 걱정이거든. 김지영 씨는 대답을 속으로 삼키며 눈치껏 빈 컵과 냉면 그릇에 술을 쏟아 버렸다.
>
> ─《82년생 김지영》

며칠째 저를 괴롭히던 감기 때문에 잠시 쉴 수 있었습니다. 저는 새로운 일들이 늘 힘들고 어렵습니다. 글쓰기도 책 읽기도 공부도 쉬운 것이 없습니다. 그렇지만 그 힘듦이 저를 살아있게 하는 것이겠지요. 위기가 곧 기회라는 말이 있듯이 한국을 휘감은 성추행 문제들도 이번의 일을 계기로 여성들은 서로 연대하여 버티는 힘을 만들고, 남자들은 내 동생 내 딸이 이런 일을 당하면 과연 어떻게 해야 하는지를 생각해야겠지요. 어머니가 여성이고 우리의 누이도 여성이고 우리의 딸도 여성입니다. 세상의 반이 여성입니다. 함께 가야 오래가고 멀리 갑니다. 힘들지 않고 즐거운 명절이 되기 위해 함께 노력하는 그런 날 되기를 기도합니다. 즐거운 설날 되십시오.

그날, 할머니가 내 곁을 떠났고
나는 홀로 남았다

《선재의 노래》, 공선옥 지음

봄이 시작될 즈음 마산의 구도심 창동의 인문학 공동체에서 공선옥 작가를 만났습니다. 이곳에서는 매월 작가와의 밤 행사를 개최하여 그분들의 이야기를 듣고 책의 인상적인 부분을 낭독합니다. 전라남도 담양에서 버스를 타고 따님과 함께 온 공선옥 작가는 그냥 옆집의 오지랖 넓은 언니였습니다. 저희가 읽은 작가의 책은 《선재의 노래》입니다.

아, 그날, 그날 아침은 다른 날과 똑같았다. 아침부터 더운 열기가 열어 둔 문 안으로 푹푹 들어왔다. 매미도 식전 댓바람부터 울어 댔다.

"선재야, 인저 고만 인나. 오늘 학교가, 안가?"

여름 방학 첫날이라서 안 가는데도

"당근 가지이."

"당근 갖고 간다고?"

"아니이, 당근 간다고오."

거짓말을 하고 이불을 뒤집어쓴 채 웃었다. 웃기는 웃었지만, 재미있지는 않았다.

(…중략…)

시간을 돌릴 수만 있다면, 그래서 그날 아침으로 다시 돌아갈 수 있다면, 그럴 수만 있다면……. 그러나, 시간은 돌릴 수 없다. 그것은 영화 같은 데서나 가능한 일이다.

만약에 시간을 돌렸다 해도 조금 뒤에 어떤 일이 벌어질지 알 수 없으면 돌린 시간이 무슨 소용이란 말인가. 시간이 정말 무서운 것이다. 한번 지나면 똑같은 시간은 절대로 다시 올 수 없기 때문이다. 되돌릴 수 없는 그날 아침, 나는 거짓말을 했다. 할머니가 다시 오지 못할 길을 가게 될 줄 까맣게 모르고.

―〈선재의 노래〉부분

책을 읽는 내내 아늑한 슬픔이 저를 어루만졌습니다. 제 기억 속에서 젊은 아버지를 떠나보내던 순간을 생각하였습니다. 슬픔은 또 다른 슬픔에게 안식을 준다고 하였습니다. 제 슬픔은 그 아이의 슬픔에 기대어 울았습니다. 얼세 살 선재의 길을 따라갔고 그 아이와 함께 사람들을 만났습니다.

공선옥 작가는 이 글의 주인공 선재처럼 '이 세상에서 가장 슬픈 일'을 겪었다고 합니다. 그리고 깊고 깊은 슬픔 속에서 선재의 이야기를 썼고, 선재는 작가의 등을 쐐애, 쐐애, 쓸어주었다고 합니다. 그래서 선재의 슬픔에 기대어 울 수 있었고, 그 슬픔에 기대어 봄, 여름, 가을, 겨울을 났고, 꽃 피는 봄을 맞이할 수 있었다는 이야기를 들었습니다. 우리는 공연히 제 슬픔에 취해 눈물이 그렁그렁해졌고요.

저는 특히, 작가가 낭독하는 감칠맛 나는 사투리 부분이 참 좋았습니다. 우리를 향해 따뜻하게 등을 쓸어주시는 듯하였습니다. 선재 할머니의 따뜻한 말들이 민들레 씨앗처럼 날아다니는 밤이었습니다. 우리 독서 모임 회원들은 모두 공선옥 작가의 멋진 낭독에 반해버렸고, 담양으로의 문학기행을 의논하였습니다. '담양으로 가겠습니다. 그때 뵐게요.' 작가의 손을 잡고 놓지 못하던 친구는 선재의 모습에서 아버지를 그리워하는 자신을 보았다고 합니다.

이 책을 통해 사랑하는 사람을 잃은 상실감은 이루 말할 수 없이 슬프지만, 그 슬픔을 위로하며 다시 일어날 힘을 얻을 수 있습니다.

눈부신 벚꽃이 만개한 남쪽 지방에는 비가 내리고 있습니다. 연분홍 꽃잎이 비를 따라 떨어집니다. 꽃이 지는 것은 슬프지만, 우리는 열매 맺는 가을을 향해 그네들에게 손을 흔들며 아쉬운 작별을 고합니다. 저도 홀로 남은 선재에게 작별을 고합니다. 더 큰 성장으로 갈 수 있으리라 믿습니다.

강제력을 가진 규범

《귀찮아, 법 없이 살면 안 될까?》, 곽한영 지음

월드컵 열기가 뜨겁다. 한국팀의 경기가 있는 날은 치킨을 미리 시켜서 준비하고, 응원에 동참한다. 현란한 선수들의 개인기와 멋진 골에 몰입하여 경기를 보던 중 심판이 무엇인가로 경기장에 선을 긋는 것이 보였다.

함께 경기를 보던 아들에게 물어보니 '배니싱 스프레이Vanishing Sparay'라고 한다. 프리킥을 위해 선수들이 자리를 잡느라 우왕좌왕하면 심판은 잔디 구장에 흰색의 스프레이를 뿌려 선수의 위치를 알려준다고 한다. 경기가 시작되면 흰색 스프레이 표시는 감쪽같이 사라진다. 이 신기한 '선 긋기'로 경기를 유리하게 만들기 위해 심판이 정해놓은 규칙을 어기는 경우가 줄었고 한다.

단지 하나의 선을 그어 놓았을 뿐인데, 축구 선수들은 선이 없던 때와는 다르게 선을 넘어가지 않는다. 그 이유는 선을 넘어가는 순간, 위반이라는 것을 관중석과 중계를 보는 모든 사람이 알기 때문이다. 사람들의 시선은 규칙을 지키게 만든다고 할 수 있다. 이처럼 사람들이 서로 협력하며 살아가기 위해 법이 필요한 존재라는 것을 학생들에게 이해시키기 위해 쓴 책《귀찮아, 법 없이 살면 안 될까?》를 읽었다. 이 책의 저자는 법 전공자로 중학생과 초등학생 두 자녀에게 법을 제대로 이해하여 정의의 감각을 키워 민주 시민으로 성장하기를 바라는 마음에서 썼다고 한다.

'법의 가장 큰 특징이 강제력을 가진 규범이라고 하는데, 종이에 쓰인 글자에 불과한 법이 어떻게 강제력을 가지는가?'라는 질문에 대해 저자는 이렇게 설명한다.

현대사회에서 법은 공식적인 절차에 의해 합의된 규범이라고 한다. 법은 유일하게 강제력의 사용이 인정된다는 점에서 다른 규범과 차이를 받는다. 하지만 법의 강제력이라는 말은 법을 어기면 제재를 받지만, 그 자체가 강제력을 가지는 것은 아니고, 경찰이나 군대 등의 국가의 강제력을 행사하는 과정에서 반드시 법에 따라 이루어져야 한다.

법이라는 어려운 이야기를 생활 속의 많은 소재와 질문을 바탕으로 중학생이 알아들을 수 있게 이야기하고 있는 책이다. 이 책의 저자인 곽한영 교수께서 지역교육청에서 마련한 독서 행사 '저자와 대화'에 강연과 질문에 대한 답을 해 주셨다. 사전 프로그램으로 책 내용 나누기를 진행하며 꼼꼼하게 읽고 밑줄이 그어진 학생들의 책을 보았다. 좀 어려운 법과 관련된 내용이어서 학생들의 관심이 좀 적을 것이라는 나의 예상과는 달리 평소 궁금한 내용과 법 관련 질문을 쏟아내었다. 학생들 덕분에 나 역시 많은 법률적 지식과 더불어 법이 사회에 미치는 영향 등에 대해 이해할 수 있는 시간이 되었다.

지성과 사랑으로 충만한 삶

《나르치스와 골드문트》, 헤르만 헤세

 가을은 축제의 계절입니다. 우리 학교도 작은 축제를 열었습니다. 학생들은 평소와 다른 화려한 의상과 눈부신 화장을 한 모습으로 무대에 올랐습니다. 1학년 학생들은 우쿨렐레로 〈장미〉를 연주하였습니다.

 당신에게선 꽃내음이 나네요. 잠자는 나를 깨우고 가네요. 둥그런 잎사귀 돋아난 가시처럼 어쩌면 당신은 장미를 닮았네요….

 학부모와 학생 모두가 합창하는 모습이 덩굴장미 넝쿨처럼 아름다웠습니다. 이렇게 좋은 사람에게는 장미의 향기가 나는 것입니다. 저의 고등학교 시절을 지배하던 작가는 헤르만 헤세입니다. 그의 책에서는 장미 향기가 났습니다. 저는 헤세의 소설을 읽으면 어디선가 마른풀과 들꽃 향기가 나는 듯하였습니다. 여행하다 낯선 길에서 만난 들꽃과 마른풀이 가득 쌓인 헛간에서 하룻밤을 지내는 듯 그렇게 다가온 책들에 매료되었습니다. 《나르치스와 골드문트》를 가을이 깊어진 날에 다시 읽었습니다. 여전히 장미꽃 향으로 다가와, 다시 저를 매혹시켰습니다. 아, 그리운 이름들!

　지성으로 대변되는 인물인 나르치스와 감성형 인간인 골드문트 두 인물의 성장소설로 볼 수 있습니다. 나르치스는 수도사의 길을 택하여 오직 학문의 길을 정진하는 것이 신의 섭리이고 자신의 소명으로 느끼며 사는 이성적 인물입니다. 그에 비해 황금빛 머리칼의 아름다운 소년 골드문트는 정숙하지 못한 어머니의 기억을 지우도록 교육받은 어린 시절을 보냈으며, 아버지의 뜻에 따라 수도사의 길로 나아가기로 되어 있었습니다. 그러나 골드문트는 금기의 대상이었던 어머니를 나르치스가 일깨우면서 새로운 세계로 나아가게 됩니다. 결국 어머니의 세계에 속한 골드문트는 수많은 여인을 만나 사랑하며 순간의 아름다움을 느끼고 기쁨을 얻습니다. 예술가로 아름다운 작품을 자신의 삶에 투영하고 사랑을 좇아가다 마지막 삶을 마칩니다.

　지성으로 충만한 나르치스에게 골드문트와의 만남과 사랑은 신의 축복 같았습니다. 골드문트에게 나르치스는 영혼의 스승이며 인도자이자 안식처였습니다. 두 사람의 모습은 동전의 양면처럼 궁극적으로 인간이 가진 두 가지 면을 드러내고 있다고 볼 수 있습니다. 지성에 좀 더 중점을 둔 삶과 감성에 충실한 사람이 있는 것처럼.

골드문트의 방랑을 따라가다 만나는 낯선 세계는 우리가 사는 삶의 낯선 세계와 다르지 않을 것입니다. 존재의 위기 속에서 사랑하고 만나고 헤어지는 모든 것들을 통해 골드문트의 자아가 성장하듯 지금 제가 사는 이 세계의 만남, 사건들은 저에게 향기를 입힐 것입니다. 들장미 향기로 다가오는 금발 머리 소년 골드문트가 그리운 오후의 한 시간입니다. 날씨가 차갑습니다. 감기 조심하십시오.

소통은 건강한 사회의 조건

《동물농장》, 조지 오웰

강마을의 아침, 서리 내린 들판에는 자잘한 얼음조각들이 햇빛에 반짝입니다. 김장배추 푸른 잎사귀에 하얀 테두리를 두른 서리가 논의 그루터기마다 보석 부스러기처럼 붙어 있습니다. 이제 산과 들은 조용히 긴 침묵의 시간을 가질 것입니다. 하지만 학교는 참으로 분주합니다. 학교 축제를 앞두고 아이들과 선생님들은 발표회며 전시를 위해 막바지 노력을 하고 있습니다. 학부모님을 초청하여 보여주어야 하니 여간 신경이 쓰이는 것이 아닙니다.

학생들과 독서 행사를 준비하며 《동물농장》을 읽었습니다. 내용이 풍자적이라 어렵지 않을까 했는데 학생들은 의외로 재미있다고 하였습니다. 특히, 복서가 죽는 장면에서 무척 분해하였습니다.

《동물농장》은 인간에 의해 착취당하고 있던 동물들이 인간을 내쫓고 '동물농장'을 세운다는 내용의 풍자 우화소설입니다. 이 소설에서 풍자하고 있는 인물과 내용은 당시 스탈린 시대의 소련에 그 과녁을 향하고 있습니다. 메이저로 표현된 〈스탈린〉, 동물 반란으로 묘사된 〈러시아 혁명〉, 비밀경찰인 〈사나운 개들〉, 선전대인 〈오리, 양들〉 그리고 크렘린인 〈농장 본채〉에는 조지 오웰 특유의 신랄한 풍자가 드러납니다.

현대 민주주의 국가에서 가장 주의를 기울여야 하는 부패한 권력에 대한 경계입니다. 한국 사회에서 회자되고 있는 갑과 을의 관계는 오웰 소설 속 세계만은 아닐 것입니다. 권력을 가진 자는 언론 통제를 통해 권력을 더욱 강화시킵니다. 과거 정권에서 국민의 동요가 있을 때면 어김없이 간첩단을 만들어 내어 권력을 안정시켰습니다.

동물 혁명이 끝난 후 우유와 사과를 돼지들의 몫으로 빼돌립니다. 권력 부패의 시작점입니다. 그리고 '네 발은 좋고 두 발은 나쁘다'라고 외쳐대는 양들로 대변되는 언론을 장악한 권력과 충실한 권력의 종복인 개들은 권력의 시녀인 경찰과 검찰일까요? 끝없이 권력을 향해 러브콜을 보내던 시녀들은 어떤 이들의 모습과 중첩됩니다. 이에 비해 충실하고 성실한 복서의 슬픈 결말은 가슴이 미어집니다.

건강한 사회는 소통되는 사회입니다. 소통되지 않으면 부패하고, 투명하지 않으면 어딘가에서 착취가 일어나는 검은 권력이 형성되는 것입니다. 오웰은 우리에게 이것을 풍자와 우화를 통해 제시하는 것입니다. 한국 사회가 건강하고 밝은 사회로 나아가기를 기도합니다. 어딘가에서 슬픈 죽음을 맞이한 복서의 삶이 헛되지 않도록.

강마을은 상수리나무가 그 황금빛 낙엽을 비처럼 쏟아내는 아직은 늦가을입니다.

강을 따라 흐르는 우정과 탈주

《허클베리 핀의 모험》, 마크 트웨인

강마을 도서관에서 바라보는 송도마을은 한 곳만 가을걷이가 남았습니다. 비어 있는 들은 얼마 지나지 않아 겨울철 농사를 위한 비닐하우스가 세워지겠지요. 벌써 추수한 논 중 몇 곳에 마늘 싹이 보입니다. 골을 타고 비닐을 씌워 심은 마늘들은 제법 초록초록합니다. 비닐을 깔지 않고 짓는 농사를 보기는 어려운 것이 요즘의 농촌 풍경입니다. 비닐은 모든 곳에서 어마어마한 힘을 발휘합니다. 하지만 농사가 끝난 들판에는 걷어낸 비닐들이 산더미처럼 쌓여서 쓰레기 산을 이룹니다. 처리도 힘들고 보기에 흉합니다. 자연과 인간은 같이 살아가야 하는 벗입니다. 자연은 인간을 성장시키고 너불어 살아갑니다. 가끔 친한 벗을 잊어버릴 때가 있지요. 요즘 사람들이 자연을 대하는 태도들이 그러합니다. 물도 하늘도 땅도 마음대로 홀대합니다. 벗을 잃고 난 뒤에야 벗의 소중함을 알게 될까 무섭습니다.

　완월동에 사는 동네 사람 몇이 모여서 독서 모임을 시작한 지 몇 해가 훌쩍 지나갔습니다. 그냥 한 달에 두어 번 책을 한 권 정해 읽고 시도 낭송합니다. 가을밤이면 맥줏집에서 가을 시를 읽고, 봄꽃이 피면 봄꽃이 보이는 찻집에서 꽃에 관한 시를 두런두런 읽기도 합니다. 이번 달의 책은 《허클베리 핀의 모험》입니다. 제가 처음 책 소개를 했을 때 반응은 별로였습니다. "애들이 읽는 책 아냐?" 이렇게 말하였습니다. 그러나 이 소설은 우정에 관한 이야기이고 유목적으로 탈주하는 인간의 이야기입니다. 술주정뱅이 아빠의 폭력과 지나치게 친절하고 예의 바른 과부댁으로부터 탈주하는 헉과 도망자 흑인 노예 짐의 이야기입니다. 그들은 잭슨섬에서 운명적으로 조우하고 함께 미시시피강으로 탈주의 길을 갑니다. 수많은 사람을 만나고 그들은 새로운 세계와 접속합니다.

　질서를 벗어난 보호자 없는 백인 아이 헉과 새로운 삶을 찾아 도망하는 어른인 흑인 노예 짐 사이에는 나이, 인종 모든 것을 떠나 서로 벗으로 인정하는 장면이 저는 가장 인상적이었습니다. 헤어져서 밤새 강을 헤매다 새벽녘 뗏목에서 잠든 짐을 발견한 헉은 반가워 어쩔 줄 모르는 짐에게 어제 우리가 찾아다닌 것은 꿈이었다고 장난합니다. 그러자 짐이 말합니다. "나는 너를 잃어버린 줄 알고 그만 가슴이 찢어지는 것 같았다. 네가 무사히 돌아와서 너무

기뻐 엉금엉금 기어가 네 발에다 입을 맞추고 싶었다. 그런데 너는 거짓말로 늙은 나를 골려줄까 생각만 하다니, 너는 친구를 부끄럽게 만드는 쓰레기다." 이 말에 헉은 자신이 얼마나 비열한 인간인가를 깨닫고 검둥이 짐에게 가서 머리 숙이고 사과합니다. 저는 이 부분이 너무 좋습니다. 자연은 한 소년을 위대한 인간으로 성장시킵니다. 그리고 한 소년의 가슴에 오롯이 벗이 들어오게 됩니다.

가을이 깊어가고 있습니다. 상강지절을 지나 깊어진 자연 앞에서 저의 가을걷이를 생각합니다. 봄에 뿌린 씨앗들은 나름의 열매를 맺기도 하고 어떤 것은 뜨거운 여름 가뭄에 소리 없이 사라졌네요. 내일은 《허클베리 핀의 모험》을 읽고 벗들과 우정에 대한 이야기를 할 것입니다. 모두 행복하고 향기로운 가을 되시기 바랍니다.

삶은 언제나 기다림의 연속

《고도를 기다리며》, 사무엘 베케트

세상을 익혀버릴 듯 여름 햇살이 쏟아지는 강마을은 어귀마다 배롱나무꽃이 붉습니다. 타는 듯한 그네의 색감은 뜨거운 여름과 잘 어울립니다. 녹색 천지인 계절에 아름다운 꽃잔치를 펼치는 배롱나무는 한자어로 자미화紫薇化라 부릅니다. 개화기가 길어 백일홍이라고 하며, 수피를 긁으면 잎이 흔들린다 하여 간지럼 나무라 부릅니다. 뜨거운 볕살에 지칠 때면 빨리 서늘하고 시원한 계절인 가을을 기다립니다.

휴가의 끝자락을 마무리하면서 내년을 기약하고, 또 다음 달 보너스를 생각하고 군대 간 아들의 전역을 기다리기도 합니다. 인간의 삶은 기다림의 연속이라는 주제로 부조리극을 쓴 샤무엘 베케트의 《고도를 기다리며》를 뜨겁게 읽었습니다. 멀리 보이는 배롱나무의 붉은 꽃 송이송이 수북하게 피어난 강둑을 보며, 공사로 다소 부산한 학교에 앉아 기다림의 의미를 생각하였습니다. 방학 중의 학교는 학생들 대신 공사를 하러 오신 분들이 비지땀을 흘리며 열심히 일을 하십니다. 돌가루가 수북한 복도에 천을 깔아두었고, 비닐로 막을 쳐서 먼지가 날리지 않도록 배려해 주셨지만, 먼지가 말을 알아듣는 것도 아니어서 제멋대로 날아다닙니다. 이것은 '먼지의 부조리성'이 아닐까요?

베케트는 사람들의 삶은 언제나 기다림의 연속이라고 말하며 이런 기다림 속에서 드러난 부조리함을 '고도에 대한 기다림'으로 표현합니다. 2차 세계대전 때 피신했던 작가의 경험이 밑바탕이 되었다고 합니다. 전쟁이 끝나기를 기다리던 상황을 우리의 삶 속에 내재된 보편적 기다림으로 변주시킵니다. '고도'는 끝내 오지 않고 소년을 통해 오늘은 못 오고 내일은 꼭 오겠다는 전갈을 보낼 뿐입니다. 그러나 고도는 오지 않습니다. 끝없이 오겠다고 하고 어제도 오늘도 그리고 오십 년이 지나도 그는 오지 않습니다. 그래도 그들은 기다립니다. 숨을 쉬고 당근을 먹고 순무의 맛을 이야기하며, 신발을 벗어던지고 그 사실을 잊어버린 희극 배우가 되기도 하고 허리띠로 나무에 매달릴 생각도 하면서 기다립니다. 이따금 기다림을 마저 잊을 때도 있지만 다시 말합니다. "우리는 뭘 하고 있지?" 그러면 또 다른 이는 말합니다. "고도를 기다리고 있지." "그래, 맞아 우리는 고도를 기다리고 있지!" 이것은 어느 한적한 시골

길, 앙상한 나무 한 그루만 서 있는 언덕 밑에서 고도를 기다리는 블라디미르와 에스트라공이라는 두 방랑자만의 이야기는 아닐 것입니다. 저 역시 마찬가지네요. 저도 언젠가로 대변되는 무엇인가를 늘 기다리고 있었네요.

블라디미르 왜?
에스트라공 이 지랄은 이제 더는 못하겠다.
블라디미르 다들 하는 소리지.
에스트라공 우리 헤어지는 게 어떨까? 그게 나을지도 모른다.
블라디미르 내일 목이나 매자. (사이) 고도가 안 오면 말이야.
에스트라공 만일 온다면?
블라디미르 그럼 살게 되겠지.

붉고 탐스러운 배롱나무꽃의 화려한 꽃차례는 그저 그 자리에 있었습니다. 짙푸른 무논의 벼들도 그 자리에서 여름을 견디고 있습니다. 그러나 저는 손에 잡히지 않는 무언가를 찾아서 매일매일 기다리고 또 기다리고 투덜거리고 노력하고 섭섭해합니다. 여름은 참 멋지게 자신을 드러내고 있습니다. 뜨겁게 더 뜨겁게, 그녀에게 너무 빠져들지는 마십시오. 때론 적당한 거리에서 그녀와 밀당을 해 보시는 것은 어떨까요? 아, 강마을은 너무 덥습니다.

강마을에서 보내는 독서 편지

가족이란 이름의 폭력

《변신》, 프란츠 카프카

독서 모임이 있는 날입니다. 퇴근하는 발걸음이 가볍고 강가의 은사시나무 가벼운 움직임조차 팔랑팔랑 손을 흔드는 것처럼 느껴집니다. 스무 살의 학생부터 지천명을 지난 저까지 다양한 나이와 다양한 직업을 가진 사람들이 오직 책을 읽고 시를 사랑한다는 한 가지 공통점으로 모입니다. 책이 아니면 절대 만나지 못할 사람들의 모임입니다. 어느 해인가 한 젊은이가 후미진 창원시 마산합포구 완월동 산복도로 아래에 헌책과 커피와 맥주를 파는 헌책방 검북카페를 개업하였습니다. 너무 반가워서 일주일에 한 번은 가서 커피를 마시고 맥주도 한잔하고 이 카페가 잘되기를 빌었습니다. 하시만 오는 사람은 몇 명 되지 않아 늘 걱정스러웠습니다. 그리고 동네에 있는 그 공간이 아까워 작은 쪽지를 가게 문 앞에 붙였습니다. '함께 책을 읽고 시 낭송을 할 동네 사람들 모이세요.' 같은 동네 사는 친구가 함께하기로 하여 '찾는 이가 없으면 둘이 만나 책이나 읽자'라고 하면서요.

    그렇게 시작한 독서 모임으로 모르는 사람들이 모여 책을 함께 읽는 그것만으로 행복할 수 있다는 것을 알았습니다. 책을 읽고 시를 낭송하면서 영혼의 미세한 울림을 느꼈고, 그 힘으로 세상을 바꿀 수 있다는 멋진 생각을 하였습니다. 불행하게도 저희가 모이던 북카페의 젊은 사장님은 얼마 전 북카페를 닫고 다른 곳에 취직하였지만 함께 책을 읽습니다. 이 멋진 독서 모임에서 이번에 함께 읽고 토론한 책이 《변신》이었습니다.

    눈 맑은 스무 살 학생은 카프카의 책을 읽고 벌레가 된 사람의 이야기가 너무나 충격적이었다고 합니다. 그 소녀들이 어머니와 삼촌 또래의 사람들 사이에 앉아 초롱초롱 이야기를 듣는 모습이 얼마나 사랑스러운지 모임을 젊게 만들어 줍니다.

    카프카의 《변신》은 그 자체로 사유를 촉진시키는 소설입니다. 이 벌레가 의미하는 바가 무엇인지에 대해 설왕설래하는 데 한 분은 치매 노인이 먼저 떠올랐다고 합니다. 젊어서 몸과 마음을 바쳐 가족들에게 헌신한 노인이 치매가 발병하는 순간 가족들에 의해 외면당하고 요양원으로 보내지는 것이 그레고르 잠자의 모습과 교차하였다고 합니다. 잠자가 아버지의 사과에 맞아 죽음을 맞이하자 축제하듯 행복하게 나들이하는 가족이 과연 있을 수 있을까? 또 벌레가 된다는 부조리한 상황을 만들어서 삶의 부조리함을 보여주는 것이 아니냐는 다양한 의견들이 밤이 늦도록 분분하였습니다. 가족을 위해 희생한 그레고르 잠자는 벌레가 되어서 비로소 자신을 다시 돌아보고 휴식을 취하는 것은 들뢰즈적으로 설명하는 '동물-되기'를 통해 탈기관체가 되는 것이란 철학적 해석으로 발전하기도 하였습니다. 향기로운 지성의 향연이었습니다.

> 그레고르 잠자가 어느 날 아침 불안한 꿈에서 깨어났을 때, 자신이 잠자리 속에서 한 마리 흉측한 해충으로 변해 있음을 발견했다.
>
> ―《변신》

이 책을 읽으며 우리 삶은 얼마나 부조리한가를 생각해 보았습니다. 내가 어느 날 갑자기 벌레가 된다는 것은 어떤 상황일까요? 나는 진심으로 사람을 만나고 가족을 사랑하고 있을까요? 갑자기 자신이 없어졌습니다. 그리고 어느 날 내가 눈을 떴을 때 앞을 알 수 없는 막다른 상황에서 그레고르 잠자처럼 더듬이로 세상을 더듬어 가고 여러 쌍의 마디가 있는 발로 기어 나갈 때 견딜 수 있을까를 생각하였습니다. 잠자의 가족들이 행하는 '가족이란 이름의 폭력'이 소설 속의 일만은 아닐 것입니다. 가족에게조차 성가신 존재가 되면 말없이 외면당하는 슬픈 일이 나타날지 모릅니다. 제 사유를 싶게 합니다.

절기는 이제 작은 더위라는 '소서'를 지났습니다. 아파트 베란다에서 보니 비 내리는 마산항의 불빛이 여름꽃처럼 피어납니다. 더운 날씨가 계속될 것입니다. 건강 조심하시기 바랍니다.

강마을에서 보내는 독서 편지

사람은 왜 피로한가?

《피로사회》, 한병철

하지 무렵입니다. 긴긴 하루를 시작하기 위해 저는 등교하면 우선 진한 커피 한 잔을 마셔야 합니다. 뜨거운 커피에 든 카페인이 있어야만 피로하고 고단한 일상을 이어 나갈 수 있습니다. 독일에서 주목받는 문화비평가 중 한 사람인 한병철 교수는 《피로사회》라는 책을 통해 이 시대의 문제를 진단하고 있습니다. 현대사회는 참 피로한 사회입니다. 그의 책 첫 장을 열면 "시대마다 그 시대에 고유한 질병이 있다."라는 대단한 문장으로 시작합니다.

21세기 신경증 질환 역시 그 나름의 변증법에 따르고 있지만 그것은 부정성의 변증법이 아니라 긍정성의 변증법이다. 이러한 질환은 긍정성의 과잉에서 비롯된 병리적 상태라고 할 수 있다. (……)
보편화된 커뮤니케이션과 정보의 과잉은 인류 전체의 저항력을 떨어뜨릴 위험으로 작용한다. 같은 것이 지배하는 시스템 속에서 저항력이란 용어는 오직 비유적인 의미로만 쓰일 수 있다. 같은 것이 지배하는 시스템 속에서 저항력을 강화하는 것은 별 의미가 없다.

면역학적 저항은 언제나 강조적 의미에서 낯설다고 할 수 있는 상태, 이질적인 상태를 향해 일어난다. 같은 것은 항체 형성을 초래하지 않는다. 비면역학적 배척은 같은 것이다. (……)

규율사회의 부정성은 광인과 범죄자를 낳는다. 반면 성과사회는 우울증 환자와 낙오자를 만들어 낸다.

—《피로사회》

우울한 인간은 노동하는 동물로 자기 자신을 착취합니다. 물론 타자의 강요 없이 자발적으로, 그는 가해자인 동시에 피해자입니다. 강조적 의미의 자아 개념은 여전히 면역학적 도식 바깥에 있습니다. 그것은 일차적으로 일과 능력의 피로입니다. 아무것도 가능하지 않다는 우울한 개인의 한탄은 아무것도 불가능하지 않다고 믿는 사회에서만 가능한 것입니다. 더 이상 할 수 있을 수 없다는 의식은 파괴적 자책과 자학으로 이루어집니다.

우울증은 긍정성 과잉에 시달리는 사회의 질병으로서 자기 자신과 전쟁을 벌이는 인간을 반영한다.

—《피로사회》

요즘 가장 많이 사용한 말은 '피곤하다'였던 것입니다. 집에 가서도 학교에서도 늘 피로를 달고 다니면서 커피를 마시고, 주기적으로 홍삼을 달여 마시며 원기를 회복한다고 생각하였습니다. 한병철 교수에 의하면 성과를 위해 달리고, 멀티태스킹이 자랑스러운 피로 중독자입니다.

하지입니다. 낮이 가장 긴 날입니다. 태양은 긴 시간 동안 햇볕을 우리에게 비추어주면서 피로할 것 같습니다. 어제 잠시 남부지방에 비가 내렸지만, 턱없이 부족한 강수량으로 푸슬푸슬한 밭에는 콩 모종이 말라가고 있습니다. 힘든 기색이 역력합니다. 도서관에는 학생들이 삼삼오오 모여서 시험공부를 하고 있습니다. 기말고사가 얼마 남지 않았습니다. 등교하여 아침 독서를 하고, 정규 수업 시간을 보내고 이어 방과후 보충 과정과 동아리 활동까지 소화하는 아이들도 피로해 보입니다. 또 함께하는 교사들의 모습도 힘들기는 마찬가지입니다.

대한민국은 모두가 피로합니다. 졸업을 앞둔 대학생들은 취업이 힘들고, 중년의 부모는 또 노년 걱정으로 어려움이 많습니다. 유치원생부터 노년까지 하지의 땡볕 아래 신음하는 밭작물처럼 이글이글 피로함을 달고 서 있는 이 나라에 필요한 것은 무엇일까요. 저의 사색이 깊어지고 있습니다. 더운 날씨입니다. 건강 조심하시기 바랍니다.

여행의 이유

《여행의 기술》, 알랭 드 보통

주말의 고속도로는 꽃구경을 나온 사람들로 인산인해를 이루고 있었습니다. 화려한 옷차림의 사람들과 꽃이 한데 섞여서 어느 것이 꽃인지 사람인지 구분되지 않았습니다. 저 역시 봄나들이에 동참하여 벗들과 벚꽃나무가 많은 인근 공원으로 사진을 찍으러 갔습니다. 그런데 여행이라고도 할 수 없는, 잠시 다녀온 길인데 무척 피곤했습니다. 왜 우리는 기를 쓰고 꽃이 피면 꽃구경을 해야 하고, 여름이면 피서 행렬에 나서고 가을이면 단풍 구경 가야 할까요? 가끔은 나 자신도 이해되지 않을 때가 많이 있습니다. 알랭 드 보통의 책은 여행 테크닉에 대한 책이라기보다는 왜 우리는 여행을 가는지에 대해 이야기합니다. 멋진 장소를 고르고 여행하는 문제가 아닌 궁극적 목적의 여행에 대해 잘 들여다보는 좋은 책입니다.

　윌리엄 워즈워스, 빈센트 반 고흐 등 여행을 동경하고 사랑했던 예술가들을 안내자로 등장시켜, 여행에 끌리게 되는 심리와 여행 도중 지나치는 장소들이 주는 매력을 이야기합니다. 알랭 드 보통은 여행을 통해서 우리가 느낄 수 있는 아름다움에 대하여 곰곰이 생각할 수 있게 해 줍니다. 특히, 프로방스에서 반 고흐의 그림을 보고 그곳의 올리브 나무와 사이프러스를 새로운 시각으로 바라보는 내용과 존 러스킨의 안내로 '말 그림'을 그려보는 것이 무척 인상적이었습니다. 여행을 자신만의 방법(데생, 사진, 말 그림 등)으로 표현한다면 전혀 다른 자신만의 아름다움을 발견하고 이것이야말로 최고의 방법이라고 그는 말하고 있습니다. 마지막으로 하는 제안에 솔깃하였습니다. 우리가 오랫동안 살고 있어서 더 이상 새로운 것은 없다고 치부해버린 바로 그 장소에 대한 새로운 탐구입니다. 파자마를 입고 자신의 집을 어슬렁거리며 탐구해보는 것 역시 참 멋지지 않을까요.

　　행복을 찾는 일이 우리 삶을 지배한다면, 여행은 그 일의 역동성을 그 열의로부터 역설에 이르기까지 그 어떤 활동보다 풍부하게 드러내준다. 여행은 비록 모호한 방식이기는 하지만, 일과 생존 투쟁의 제약을 받지 않는 삶이 어떤 것인지를 보여준다. (……)
　　반 고흐가 사이프러스 나무를 그리기 전에 프로방스에는 사이프러스가 거의 눈에 띄지 않았다고 말할 수 있다. (……)

반 고흐가 없었다면 올리브 나무 역시 지금처럼 눈에 들어오지 않았을 것이다. 나는 전날 내 눈에 띄었던 올리브 숲을 땅달막한 덤불로 치부해버렸었다. 그러나 반 고흐는 〈노란 하늘과 태양과 올리브 나무〉와 〈올리브 숲〉에서 올리브의 줄기와 잎의 모양을 도드라지게 끌어냈다. (……)

아름답다는 인상과 더불어 그 근원을 소유하고 싶다는 욕망이 일었다. 러스킨의 말에 따르면 예술만이 제대로 충족시킬 수 있는 욕망이었다.

—《여행의 기술》

좋은 책을 읽으니 좋은 벗과 함께 웃으며 다정하게 대화하며 여행을 다녀온 듯하였습니다. 새봄, 여행을 떠나기 전에 꼭 읽고 가면 더 멋지지 않을까 생각합니다.

자기 정체성을 찾아가는 여행

―――――――

《오뒷세이아》, 호메로스

봄은 어디에나 벙글어지는 꽃들로 가득합니다. 묵은 겨울은 이제 힘을 쓸 수 없나 봅니다. 오리나무는 벌써 연초록의 기다란 꽃눈을 올리고 있고 매화는 그저 황홀하게 무학산 만날재 앞자락을 하얗게 빛내고, 그 아래 학교 담장 그늘엔 동백꽃이 붉습니다.

이렇듯 사물도 계절도 오래되면 변하는 것이 이치일 것입니다. 시간의 관문을 지나는 순간 변화는 어쩔 수 없습니다. 우리는 그 계절의 변화 앞에 서 있는 것입니다. 자신의 힘으로 어쩔 수 없는 시간과 공간의 거대한 장벽을 넘어선 지혜로운 한 인간의 이야기를 읽습니다. 바다를 향해 끝이 없을 것 같은 여행을 하는 그는 불멸의 신이 아닌 필멸하는 인간입니다. 신의 노여움을 사서 떠돌아

아들과 아내가 기다리는 고향 이타케로 영영 갈 수 없을 듯 보였습니다.

  호메로스의 양대 서사시 《일리어드》와 《오뒷세이아》는 기원전 6세기 이후 그리스의 교과서가 되어 수많은 음유시인과 지식인 나아가 문학과 조형예술로 창작돼 서양 문화의 근원이 되었다고 할 수 있습니다. 이 책 《오뒷세이아》는 그리스군의 트로이 공략 후 오디세우스의 10년간에 걸친 해상표류 모험과 귀국에 관한 이야기 24권으로 구성돼 있습니다.

  최초의 4권은 주인공이 없는 동안 그의 아내 페넬로페와 아들 텔레마코스의 이야기이며 제5권에서 바다의 님프 칼립소에게 붙잡혀 있는 주인공 오디세우스가 등장하고 신神들의 명령으로 그는 겨우 뗏목을 만들어 섬을 떠나지만 그를 미워하는 포세이돈이 일으키는 폭풍으로 난파당합니다. 우여곡절 끝에 파이아케스인들의 섬에 상륙하고 그곳의 왕녀 나우시카에게 구원되어 왕의 환대를 받고 연회석에서 자신의 모험 이야기를 합니다. 그 후 귀국하여 아테네 여신의 도움으로 아내를 괴롭힌 구혼자들을 응징한다는 이야기입니다.

  오디세우스는 걸출하고 지혜로운 영웅이지만 참으로 어리석은 일을 저질러 바다를 떠돌게 됩니다. 많은 어려움을 견디며 그는 자기의 정체성을 찾아 바다를 떠돌며 진정한 자기 모습을 찾아 고향으로 돌아갑니다.

새봄을 맞아 우리는 지난겨울 낡고 오래되고 묵은 자기를 버리고 새로운 목표를 향해 나아가야 하지 않을까요? 새롭게 된다는 것은 어렵고 힘든 것입니다. 새 학기는 희망으로 가득차지만 바다 위에 배를 띄우고 여행을 시작하듯 두렵습니다. 모든 새로운 출발은 낡은 것을 찢는 아픔을 견디지 않으면 시작되지 않습니다. 지금 자리가 힘들고 어렵다면 낡은 나와 결별하는 순간이라고 생각하면 어떨까요?

> 들려주소서, 무사 여신이여! 트로이아의 신성한 도시를 파괴한 뒤 많이도 떠돌아다녔던 임기응변에 능한 그 사람의 이야기를. 그는 수많은 사람의 도시들을 보았고 그들의 마음을 알았으며 바다에서는 자신의 목숨을 구하고 전우들을 귀향시키려다 마음속으로 숱한 고통을 당했습니다. 그토록 애썼건만 그는 전우들을 구하지 못했으니, 그들은 자신들의 못된 짓으로 말미암아 파멸하고 말았습니다. 그 바보들이 헬리오스 휘페리온의 소 떼를 잡아먹은 탓에 헬리오스 신이 그들에게서 귀향의 날을 빼앗아버린 것입니다. 이 일들에 관해 아무 대목이든, 여신이여, 제우스의 따님이여, 우리에게도 들려주소서!
>
> ―《오뒷세이아》 제1권

새봄입니다. 이미 연초록의 나무들이 새잎을 올리고 있습니다.

나무는 생살을 찢는 아픔을 견디고 낡은 자기를 버린 결과로 새잎을 낼 수 있습니다. 우리도 지난해 묵었던 익숙한 것들과 결별해야 합니다. 그래야 새로운 나를 발견할 수 있을 것 같습니다. 익숙한 것과 결별하는 새봄 되시기 바랍니다.

강마을에서 보내는 독서 편지

Part ———— 3

우리는
지금
같은 배를 타고 있다

우리는 지금 같은 배를 타고 있다

《28》, 정유정
《팬데믹 패닉》, 슬라보예 지젝

'역병의 창궐이다.' 인류의 삶을 뒤흔드는 미증유의 사태 속에서 선진적인 경제시스템과 정치체제를 자랑하던 나라들이 오히려 속절없이 무너졌다. 그들은 마스크 하나 제대로 만들 수 없다는 어처구니없는 현실에 직면하였다. 파국의 철학자라 불리는 슬라보예 지젝은 싸워야 할 대상이 바이러스가 아니라 준비 없이 맞이한 사회 시스템이라고 단호하게 말한다. 바이러스에 점령당한 도시의 인간 군상을 그려낸 정유정 작가의 《28》, 지젝의 《팬데믹 패닉》 두 권의 책을 들여다보았다.

《28》은 '불볕'이라는 뜻의 가상 도시 화양火陽에서 28일간 펼쳐지는 재난 속에서 인간 본성을 탐구하는 소설이다. 아이디타로드 개썰매 경주에 참여한 최초 한국인 머셔였던 수의사 재형, 익명의 투서를 받고 저격하는 기사를 써서 그를 나락에 빠뜨린 기자 윤주, 119구조대원 기준, 동물 살해에 이어 방화와 무차별 살인을 하는 사이코패스 동해, 응급실 간호사 수진, 그리고 팀버울프의 혈통을 지닌 개 링고 이렇게 5명의 사람과 1마리 개의 시선으로 지옥 같은 도시에서 서로 응시하고 미워하며 사랑하고 물어뜯는다.

'빨간 눈의 괴질'이라는 별명을 지닌 원인 불명의 인수공통전염병은 개와 인간 사이에 무차별적으로 감염되어 치사율이 100%에 가깝다. 개들은 무참하게 살처분당하고 남겨진 이들은 살아남기 위해 서로 죽이고, 분노한다. 결국 이 바이러스를 통제하기 위해 대통령은 담화문을 발표하고, 도시 화양은 완전히 고립된다. 죽어가는 사람과 폭도로 변한 무리로 인해 무법천지로 변하지만, 정부는 시청 앞에서 대책을 요구하는 시민을 향해 '해산하시오'라는 명령만 되풀이한다. 이 장면에서 우리 역사의 아픈 상처가 되살아난다. 봉쇄된 도시, 그리고 전염병이 지나간 자리에 놓인 삶의 폐허를 철저한 리얼리티로 그려내는 작가의 서슬 푸른 필치가 책을 읽는 내내 서늘하게 와닿는다.

> 나는 때로 인간 없는 세상을 꿈꾼다. 자연의 법칙이 삶과 죽음을 관장하는 곳 모든 생명이 자기 삶의 주인으로 살아가는 세계, 꿈의 나라를.
> —《28》 부분

작가 정유정이 소설의 시놉시스를 쓴 것은 돼지의 생매장을 접하던 밤이라고 한다. 눈보라 치던 밤, 깊은 구덩이 안에서 죽음을 직감한 돼지 수백 마리가 두려움에 울부짖었고, 산 채로 묻힌 그들의 울음소리는 이튿날 아침까지 지상으로 울려 퍼졌다고 한다. "우리는 천벌을 받을 거야."라고 하며 그녀는 잠들기를 포기하고 노트를 펼쳤다.

2021년 8월 8일 강원도 고성의 한 양돈 농장에서 아프리카 돼지 열병(ASF) 확진 판정을 받았다. 고성군 간성읍에 위치한 양돈 농가에서 이상 증세가 발견돼 7일 밤 검사 후 최종 양성으로 확인되었다. 해당 농장은 돼지 약 2,400마리를 기르고 있다. 8일 오전 농림축산부 장관에게 "발생 농장에 대한 살처분을 신속하게 하라." 긴급 지시했다.

—《강원일보》

다시 우리 앞에 도시 화양의 한 장면이 그대로 재현되고 있다. 갇힌 공간에서 인간을 위해 제 몸을 살찌우던 그들이 우리에게 어떤 위협을 가했을까? 말을 하지 못하고, 자기 권리를 주장할 수 없는 존재라고 고통을 느끼지 않는 것은 아니다. 아득한 슬픔이 몰려온다. 그들의 울부짖음이 남쪽의 작은 도시로 들려올 것 같다.

이러한 사태의 근원은 무엇일까? '인간의 이기심으로 인한 자연 파괴와 생태계 최고의 포식자로 가축에게 한 짓'일 것이다. 작은 바이러스에게 휘둘리는 우리는 이 초록별의 주인이라는 자만심을 내려놓을 때가 된 것 같다.

슬라보예 지젝은 《팬데믹 패닉》에서 '코로나 19가 어떻게 세계를 흔들었을까?'라는 물음에 대해 "이 사태는 지구상의 다른 생명체들을 무자비하게 착취해온 인류에게 내린 잔혹하지만 정당한 천벌이다."라고 하였다. 현답이다. 바다를 건너고 대륙을 횡단하는 무국적 바이러스에 대해 누가 벌을 내릴 수 있단 말인가? 그는 "우리가 정말로 받아들이기 힘든 것은 지금 유행하는 감염병이 자연의 우연성이 가장 순수하게 발현한 결과요, 그냥 생겨났을 뿐만 아니라 아무런 숨겨진 의미가 없다는 것이다. 더 거대한 사물의 질서 한가운데 인간은 아무런 중요성도 없는 한갓 종에 불과하다."라고 일갈한다.

바이러스는 계획과 전략을 갖추고 우리를 무찌르려는 적이 아니라, 어리석게 자가증식하는 한갓 메커니즘일 뿐이다.

자연이 바이러스로 우리를 공격하는 것은 어떤 면에서 우리에게 우리 자신의 메시지를 돌려주는 일이란 사실이다. 그 메시지는 이렇다. 네가 나에게 했던 짓을 내가 지금 너에게 하고 있다.

—《팬데믹 패닉》 부분

'위드 코로나'라는 말이 회자된다. 국가의 틀을 넘어 바이러스와 함께 협력과 연대의 지구공동체로 나아가는 것이다. 마틴 루서 킹 목사가 반세기도 전에 했던 말을 기억하자. "모두 다른 배를 타고 왔을 수도 있지만, 우리는 지금 같은 배를 타고 있다." 대한민국의 모든 사람은 같은 배를 타고 바이러스의 강을 건너고 있다. 강의 가운데를 지나왔기에 이제 저 멀리 푸른 강나루가 보이기를 기도한다.

어느 날 문득 긴 여행을 떠나고 싶어졌다

《먼 북소리》, 무라카미 하루키

'어느 날 문득 긴 여행을 떠나고 싶어졌던 것이다.' 그러자 그는 가방을 싸고 서둘러 일본을 떠나 그리스와 이탈리아 등을 3년간 여행합니다. 긴 여행을 떠나 쓴 소설이 《상실의 시대》(원제: 노르웨이의 숲)와 《댄스 댄스 댄스》입니다. 무라카미 하루키가 유럽을 여행하는 동안 문학은 물론 자신의 인생에 대해 솔직하게 고백하며 하루하루의 삶을 기록합니다. 여행 기간 동안 그의 삶을 따라가면 인기 작가 하루키가 얼마나 작가로서 하루하루를 치열하게 살았는지를 알 수 있습니다. 그는 매일 글을 쓰고, 조깅을 합니다. 그에게 글은 자기 존재를 증명하는 길이고, 세상을 향해 나가는 길인 듯합니다.

그의 글은 화려하고 아름답다기보다 소소하고 소박하고 감성적입니다. 마리자 튀김을 먹고 카라마리를 사고 포도주를 마십니다. 그리고 음악을 듣고 주변의 사물을 관찰하고 투덜거리고 저녁으로 먹을 전갱이 소금구이를 해 주는 그리스 선술집 주변을 어슬렁거립니다. 고양이를 관찰하고 개를 바라보고, 동네 사람들의 모습과 시장에 파는 신선한 생선에 관심을 가집니다. 여행자도 아니고 그렇다고 정착민도 아닌 어정쩡한 장기 투숙 여행자인 것입니다. 읽는 내내 그는 전생에 바람이 아니었을까 하는 생각을 하였습니다. 정착하지 못하고 끝없이 떠도는 영혼을 가진 사람은 오히려 한곳에 머물러 있는 것이 더 힘든 것입니다.

특히, 이 책은 작가 하루키를 좋아하는 사람이라면 '프리퀄 prequel'과 같을 수 있습니다. '프리퀄'은 오리지널 영화의 과거 이야기 또는 오리지널 에피소드에 선행하는 사건을 보여주어 본편의 이야기가 어떻게 그렇게 흘러가게 되었는지를 설명합니다. 〈스타워즈 에피소드 1, 2, 3〉은 오리지널 〈스타워즈〉 시리즈의 프리퀄입니다. 이처럼 소설 《상실의 시대》에 왜 그렇게 비가 많이 내렸는지, 《댄스 댄스 댄스》에서 '나'는 왜 하와이를 찾아 떠났는지 알게 됩니다. 이 책을 읽는 또 하나의 즐거움입니다.

> 어느 날 아침, 눈을 뜨고 귀를 기울여 들어보니 어디선가 멀리서 북소리가 들려왔다. 아득히 먼 곳에서, 아득히 먼 시간 속에서 그 북소리는 울려왔다. 아주 가냘프게. 그리고 그 소리를 듣고 있는 동안, 나는 왠지 긴 여행을 떠나야만 할 것 같은 생각이 들었다. (……) 매일 계속해서 소설을 쓰는 일은 고통스러웠다. 때때로 자신의

뼈를 깎고 근육을 씹어 먹는 것 같은 기분조차 들었다. 그렇지만 쓰지 않는 것은 더 고통스러웠다. 글을 쓰는 것은 어려운 일이지만 글은 써지기를 원하고 있다. 그럴 때 가장 중요한 것은 집중력이다. 그 세계에 자신을 몰입시키는 집중력, 그리고 그 집중력을 가능한 한 길게 지속시키는 힘이다. 그렇게 하면 어느 시점에서 그 고통은 극복할 수 있다. 그리고 자신을 믿는 것. 나는 이것을 완성시킬 능력을 갖고 있다고 믿는 것이 중요하다.

―《먼 북소리》

그의 책을 펼쳤을 때 환청처럼 북소리가 들려왔습니다.
"둥… 둥… 둥….".
낙엽이 비처럼 우수수 내리는 가을의 끝자락입니다. 여행 가방을 싸야 할 것 같습니다.

구도의 여정 – 길 위에서 길 찾기

《서유기》, 오승은
《고미숙의 로드클래식, 길 위에서 길 찾기》, 고미숙

손오공을 모르는 사람이 과연 있을까? 영화, 애니메이션, 게임으로 변주되며 많은 작품이 아직도 제작되는 대단한 원숭이다. 소설 《서유기》는 손오공, 저팔계, 사오정이 삼장법사와 함께 시간은 14년, 거리는 십만 팔천 리, 81 환란을 겪으며 부처님께서 계신 영축산에 가서 경전을 가져오는 이야기이다.

고요한 가을 숲에서 문득 《서유기》가 읽고 싶었다. 비교적 원전에 가깝게 번역되었다는 《서유기》가 학교 도서관에 있었다. 시작은 동승신주 큰 바다 가운데 있는 화과산 꼭대기에 신령스러운 돌이 하늘과 땅의 기운을 받아 돌알 하나를 낳았다. 그 돌알이 바람을 쐬자 돌원숭이로 탄생한다. 하늘의 옥황상제가 손을 들고, 용왕이 고개를 절레절레 흔드는 천하의 말썽꾸러기인 제천대성 손오공이다.

> 어느 날 돌이 쪼개지면서 돌알 하나를 낳았는데, 크기가 둥근 공만 했어요. 그 돌알은 바람을 쐬자 돌원숭이처럼 변했지요. 보고, 듣고, 맛보고, 냄새와 촉감을 느끼는 오관五官이 다 갖춰지고, 두 팔과 두 다리가 모두 완전해지자, 이 녀석은 기고 달리는 법을 배웠고, 사방을 향해 절을 했지요.
>
> ―《서유기》1권

은목서 꽃향이 바람에 날려오는 날, 삼장법사의 내력이 서술되고 드디어 경전을 구하러 가는 천하무적 밴드가 탄생한다. 도저히 제어되지 않는 무시무시한 힘을 가진 욕망의 화신 손오공과 감각적 쾌락에 눈이 먼 저팔계와 자신이 누구인지 뭔지도 모르는 사오정, 그리고 용왕의 아들 용마는 서로를 미워하고 헐뜯다가도 요괴를 만나면 함께 싸운다. 이들을 이끌고 가는 인물은 힘없고 귀가 얇은 삼장법사이다. 그는 요괴들에게 잡혀가며 애타게 "오공아, 나를 구해다오!"라고 외치며 도움을 청한다. 겨우 살아 나와서는 또 다른 요괴에게 속아 인질이 되고, 손오공은 온갖 어려움을 뚫고 구하러 간다. 기상천외한 요괴들을 난장판으로 만드는 손오공 밴드의 이야기는 밤늦도록 책을 놓을 수 없게 만들었다.

이 소설에서 최약체인 삼장법사가 세상에서 가장 힘센 원숭이 손오공의 스승이다. 손오공은 삼장법사의 걸음으로 부처님께시 계신 서역을 향해 나아간다. 삼장법사는 오직 서쪽을 향해 쉼 없이 가는 존재이다. 어떤 고난이 있어도 한 치의 흔들림 없이 길을 가는 그가 스승이고 이것이 결국 손오공을 깨달음의 길과 지혜의 길로 인도하게 되는 것이다. 스승은 이러한 존재일 것이다. 흔들림 없이 앞으로 나아가는 모습을 보여주는 사람이다. 이렇게 어떤 일에나 진심을 담아 살아간다면 진리의 문은 우리에게 열릴 것이다. 우주의 아름다운 기운이 쏟아지는 것을 느낄 수 있을 것이라 믿는다.

 가을이 깊어진 날에 드디어 경전을 가지고 돌아오는 손오공 밴드와 만났다. 그들은 서천에 가서 구원받은 것이 아니다. 서천으로 가는 그 과정이 깨달음의 길이요. 함께 가는 도반이 나의 스승이다. 내 안에 있는 욕망과 작별하고 비로소 깨달음을 얻는 것이다.

 자기 존재의 탐구와 구도의 여정을 함께하는 《서유기》를 읽어보는 것은 어떨까? 그동안 우리 속에 쌓여서 폭발할 것 같은 욕망이 어떤 모습인지 손오공, 저팔계, 사오정의 모습을 통해 살펴볼 수 있을 것이다.

 길을 떠나는 것은 인간이 지닌 원초적 욕망이다. 요즘과 같은 스마트한 시대에 우리는 왜 자꾸만 어딘가를 향해 떠나는 것일까? 손오공 일행처럼 구도의 여정 속에서 미친 듯이 서로 싸우고 그러다 만난 요괴와 싸우고, 자신 속의 욕망과도 싸우면서도 다시 길을 떠난다. 이것을 저자 고미숙은 '집의 시대가 거去하고 길의 시대가 래來하고 있다.'라고 한다. 정주에서 유목으로! 정주민에겐 모든 것이 고정되어 버리지만, 길 위에서는 반대이다. 모든 것이 유동하는 삶이다. 국경, 세대, 성 정체성, 노동과 화폐 등의 그 어떤 것도 우위를 점할 수 없고, 가치의 고정성은 사라지는 것이 여행이고, 곧 노마드(유목)이다. 유목은 관광이나 레저가 아니다. 돌아갈 고향이나 종착점이 없이 자신이 서 있는 시공간이 곧 삶의 현장이 된다.

예전에는 길을 떠난다는 건 문명의 변방으로 밀려나는 것을 의미하였지만, 지금은 그렇지 않다. 디지털로 대변되는 스마트 시대에는 폰을 켜기만 해도 수많은 사람이 다녀간 경로를 알려준다. 아주 낯선 길을 새로운 리듬으로 찾아가는 것이 가능하다. 나처럼 겁 많은 중년도 스마트폰의 구글맵과 파파고를 이용하면 세계 어느 나라에 가서도 여행할 수 있을 것 같은 용기가 생긴다. 헐~~ 중국의 대문호 루쉰은 "본래 땅 위에는 길이 없다. 누군가 걸어가면 그것이 곧 길이 된다."라고 하였다. 용기가 샘솟는다.

《고미숙의 로드클래식, 길 위에서 길 찾기》는 삶 자체가 '길 없는 대지' 위를 걸어가는 여행이라고 말하는 고전평론가 고미숙이 고전문학 작품 중 길 위에서 '길'을 찾는, '길' 자체가 주인공이자 주제인 고전을 특유의 현재적 시선으로 새롭게 읽어내는 책이다. 열하일기, 서유기, 돈키호테, 허클베리 핀의 모험, 그리스인 조르바, 걸리버 여행기라는 고전의 주인공들은 자기만의 방식으로 지도를 그리고 있다. 우리도 길을 떠나려면 지도를 그려야 한다. 지도를 그리기 위해서는 하늘의 별을 보라고 했다. 우리 시내의 빛은 고전이다. 이 책에서 소개하는 고전을 읽으며 우리 속에 숨어 있는 야생의 본능을 되살려 보는 것은 어떨까.

걸리버가 쉬지 않고 여행을 떠난 것도 이 때문이다. 삶을 한없이 사랑하지만 도저히 이 부조리한 현실을 그대로 받아들일 수는 없다. 그래서 떠난다. 어딘가 또 다른, 더 나은 세계가 있을 거라는 기대감으로. 하지만 그런 세계는 없다! 거인국이건 라퓨타건 흐이늠이건 모순과 부조리가 없는 세계는 없다. 어쩌면 세계는 부조리함 자체일지도 모른다. 그걸 터득하기 위해서 떠나는 것이다. 그러면 다시 돌아올 수 있다. 전혀 다르게 사유할 수 있으므로. 이전과는 전혀 다르게 살아갈 수 있으므로. 그래서 떠나야 한다.

—《고미숙의 로드클래식, 길 위에서 길 찾기》 6부 〈걸리버 여행기〉

삶이란, 참을 수 없는 존재의 가벼움

《참을 수 없는 존재의 가벼움》, 밀란 쿤데라

시절은 동지冬至를 지나고 있습니다. 동지는 어둠이 가장 깊고 가장 길고 가장 무겁게 드리운 밤이고, 어둠 속에서 우리는 두려움을 느끼며 짐짓 아무렇지도 않은 척 팥죽 속에 새알을 건져 먹고 있습니다. 이 밤이 지나면 악귀 같은 어둠은 토끼 꼬리만큼씩 물러설 것입니다. 야금야금 빛은 어둠을 살라 먹고 조금씩 조금씩 빛을 더 많이 우리 곁으로 가져올 것입니다.

팥죽을 먹으며 어둠과 빛은 계속해서 '영원회귀永遠回歸'하는 것이 아닌가 하는 생각을 하였다. 밀란 쿤데라의 소설 《참을 수 없는 존재의 가벼움》은 니체의 '영원회귀' 이야기로 시작하고 있다.

> 영원한 회귀란 신비로운 사상이고, 니체는 이것으로 많은 철학자를 곤경에 빠뜨렸다. 이미 겪었던 일이 어느 날 그대로 반복될 것이고 이 반복 또한 무한히 반복된다고 생각하면 이 우스꽝스러운 신화가 뜻하는 것은 무엇일까?
> ―《참을 수 없는 존재의 가벼움》

이 소설에는 아무것도 의미하지 않는 가벼움과 니체의 철학에 등장하는 영원회귀永遠回歸의 무거움이 함께 공존하고 있습니다. 자신을 운명이라고 믿는 여자를 부담스러워하며 끊임없이 다른 여자들을 만나는 가벼움을 상징하는 외과의사 토마시, 그를 끝까지 믿는 무거운 여자 테레자가 등장합니다. 토마시의 연인이었던 사비나는 토마시처럼 구속받지 않는 개인주의를 신봉하는 예술가입니다. 그녀 역시 가벼움을 상징하는 인물입니다. 그리고 그녀의 연인 대학교수 프란츠. 이 네 사람에게 가벼움과 무거움은 동전의 양면처럼 함께 존재한다는 것이 체코의 정치적 상황과 함께 잘 드러납니다. 사랑이 역사와 이데올로기 속에서 끝없는 갈등을 통해 거듭된다는 사실과 이것을 알기에는 오랜 시간의 방황이 필요하다는 것을 세월이 지난 뒤에 깨닫게 되는 것입니다.

이 소설의 배경이 되는 체코는 정치적으로 매우 혼란한 시기입니다. 특히 '프라하의 봄'은 1968년 체코슬로바키아에서 일어난 민주자유화운동입니다. 이 운동을 막기 위하여 불법 침략한 소련군의 군사 개입 사건을 포함하여 '체코 사태'라고도 합니다. 이렇게 무거운 정치 상황 속에서 가볍고자 하나, 가벼울 수 없는 외과의사 토마시는 자신을 운명적 사랑이라 믿는 여종업원 테레자의 만남이 부담스럽지만 결국 무거움과 가벼움 속에서 그는 선택을 할 수밖에 없습니다. 그것이 그의 운명입니다.

소설을 읽으며 니체에게서 느껴지는 영원회귀永遠回歸 사상이 밀란 쿤데라의 글에서는 온전하게 발현되지 않는 듯하였습니다. 오히려 서구적 시간의 화살, 한시성이 더 잘 드러나 보입니다. 곳곳에 매력적 은유가 힘을 잃지 않는 대단히 훌륭한 작품입니다. 특히, 토마시가 느낀 테레자에 대한 느낌이 압권이었으며, 매력적으로 다가왔습니다.

> 그녀는 마치 송진으로 방수된 바구니에 넣어져 강물에 버려졌다가 건져 올려졌다가 그의 침대 머리맡에 건져 올려진 아이처럼 보였다.
> (……)
> 그의 곁에 있는 그녀의 존재가 참을 수 없는 우연으로 비쳤던 것이다. 도대체 그녀는 왜 그의 곁에 있는 것일까? 그리도 왜 그녀는 토마시의 침대라는 강변에 접안했던 것일까? 왜 하필이면 다른 여자도 아닌 그녀였을까?
> ―《참을 수 없는 존재의 가벼움》

가벼움과 무거움이 교차되어 경계를 넘나들며 사는 네 사람의 삶과 사랑을 생각하였습니다. 제 삶에서 가벼움과 무거움은 어떤 것일까요? 다시 칠흑 같은 어둠을 가진 밤과 마주합니다. 동지의 밤은 깊고 어둡고 춥지만, 이것은 봄이 머지않았다는 다른 이야기일 것입니다. 어둠이 짙으면 밝아오는 아침은 더 찬란한 것이기에.

강마을에서 보내는 독서 편지

영원의 시간, 그 경계에서 만난 바람꽃

《은비령》, 이순원

꽃은 아름다움의 대명사입니다. 우리는 아름다운 사람을 나타낼 때 꽃이라는 말을 사용합니다. 화용월태花容月態란 꽃처럼 아름다운 미인을 나타내는 말입니다. 꽃은 그 아름다움뿐만 아니라 영예와 소망의 상징이 되기도 합니다.

문학에서도 많은 문인이 꽃에 매료됐습니다. 작가 이순원이 생각하는 은비령은 시간과 공간의 경계가 멈춘 영원의 공간이며, 환상적인 치유의 공간입니다. 그곳으로 가는 여정을 통해 바람꽃 같은 그녀와의 사랑에서 소금 짐처럼 느껴지는 친구의 존재를 다시 생각하게 됩니다. 은비령에서 나와 선혜는 별의 세계로 나아갑니다. 이승과 저승의 경계처럼 은비령은 시간이 멈추어버린 곳으로, 섬세하고 아름다운 문체로 그곳의 이야기를 수채화처럼 투명하게 묘사합니다.

주인공인 내가 사랑하는 여자는 현실에서 많은 제약을 가집니다. 함께 공부하던 친구의 아내였기 때문입니다. 주변의 시선 그리고 자신 또한 용서하기 힘들어하고 있는지 모릅니다. 하지만 본능적인 이끌림으로 그녀의 모습 속에 있는 바람꽃을 찾아냅니다. 눈과 얼음을 뚫고 피는 바람꽃은 독을 지니고 있습니다. 여리여리한 모습 속에 슬픈 운명을 가진 바람꽃, 그녀를 만납니다.

친구와 함께 있던 그녀를 처음 본 것은 4년 전 운전면허시험장이었으며, '은비령'에서 함께 공부하던 친구는 행정고시에 합격하여 집사람이라며 바람꽃을 연상시키는 그녀를 나에게 소개시켜 줍니다. 봄볕처럼 따뜻한 그와 그녀의 행복은 오래가지 않습니다. 차가운 격포에서 사고로 전도양양한 젊은 목숨을 잃고, 남겨진 그녀는 직장에 나가 아이를 부양해야 하는 처지입니다. 나는 그 시절의 바람꽃을 만납니다. 그리고 본능적인 이끌림을 느낍니다. '은비령'은 시간과 공간이 멈추어버린 영원의 공간으로 우리를 안내하고 있습니다. 아내와 별거하고 여행을 떠나는 '나'와 그런 나의 지나간 기억 속에 죽음의 이미지로 자리를 차지하고 있는 친구와 그 죽은 친구를 잊지 못하고 있는 친구의 아내 '선혜'. 그래서 그녀를 만날 때면 둘이 만나도 셋이 함께하는 듯 느끼는 그가 찾아간 곳은 '은비령'입니다. 산 자와 죽은 자가 함께한 공간이고 다시 시작하기 위해 찾아간 신비로운 공간으로 표현됩니다.

강마을에서 보내는 독서 편지

별에겐 별의 시간이 있듯이 인간에겐 또 인간의 시간이라는 게 있습니다. 대부분의 행성이 자기가 지나간 자리를 다시 돌아오는 공전 주기를 가지고 있듯 우리가 사는 세상일도 그런 질서와 정해진 주기를 가지고 있습니다. 다시 말해서, 2천5백만 년이 될 때마다 다시 원상의 주기로 되돌아가는 것입니다. 그래서 지금부터 2천5백만 년이 지나면 그때 우리는 다시 지금과 똑같이 이렇게 여기에 모여 우리 곁으로 온 별을 바라보게 될 것입니다. 이제까지 살아온 길에서 우리가 만났던 사람들을 다 다시 만나게 되고, 겪었던 일을 다 다시 겪게 되고, 또 여기에서 다시 만나게 되고, 앞으로 겪어야 할 일들을 다시 겪게 되는 거죠.

청년의 사랑보다는 영원의 시간 속에서 우주의 시간과 별의 시간을 견디는 그런 사랑을 꿈꾸고 있다.

우리가 사는 세상 저 북쪽 끝 스비스조드라는 땅에 거대한 바위 하나가 있답니다. 높이와 너비가 각각 1백 마일에 이를 만큼 엄청나게 큰 바위인데, 이 바위에 인간의 시간으로 천 년에 한번씩 작은 새 한 마리가 날아와 날카롭게 부리를 다듬고 간답니다. 그리고, 그렇게 해서 이 바위가 닳아 없어질 때 영원의 하루가 지나간답니다.

영원의 하루에 대한 설명을 인간의 시간과 우주의 시간을 함께 견주어 이야기합니다. 별의 시간과 인간의 시간을 이야기하는 나와 선혜의 운명은 바람꽃이 시들지 않고 부러지듯, 슬픈 이별을 예감하고 있습니다.

　쉽게 만나고 쉽게 헤어짐이 일상인 사람들에게 영원의 시간을 이야기하며 그 시간을 견디는 사랑이 아름답게 느껴집니다. 영원의 시간, 영원의 사랑을 읽는 향기로운 겨울 아침입니다.

거침없는 영혼의 자유인

《그리스인 조르바》, 니코스 카잔차키스

　강마을의 가을 아침은 안개가 주인입니다. 안개는 강 위로 그 존재를 확실히 드러내며 올라와서는 은사시나무 사이로 하얀 입김을 불어버리면, 세상의 풍경은 제 것입니다. 축축하고 하얀 안개 속에서 우리는 외롭고 무섭습니다. 길이 보이지 않고 나도 너도 꽃도 나무도 보이지 않아 어디로 가야 할지 모릅니다.
　저는 세상살이가 이런 안개 속을 걸어가는 것과 비슷하다는 생각을 늘 합니다. 언제나 제 앞의 삶은 두렵고 무섭습니다. 지천명의 나이를 지나면 이런 마음이 덜할까 하였습니나만, 오히려 더 어렵습니다.
　저는 요즘 학교에서의 일상이 참 힘듭니다. 많은 업무와 수업, 공부, 힘든 인간관계가 내일 반복됩니다. 지친 저를 또 다른 제가 바라봅니다. 그러면서 제 마음속에 있는 다른 존재는 걱정하며 저에게 말을 합니다.

"세상 뭐 별거 없어. 그냥 마음 가는 대로 살아."

"하루를 잘 버티어 왔잖아, 내일도 그럴 거야. 힘내!"

"너 잘하고 있어. 징징거리지 마. 너는 어른이잖아."

이런 저를 비웃는 그를 깊어진 가을날에 만났습니다. 거침없는 영혼의 자유인 '조르바'입니다. 머리로 생각하는 저와 판박이인 그의 대장을 후려치듯 새로운 삶으로 인도하는 그리스인 조르바를 만나면서 행복하였습니다. 온몸으로 세상을 살아가는 조르바는 생명력 덩어리 그 자체였습니다. 자연의 다른 모습이 조르바입니다. 그리고 그는 참 아름다운 영혼을 가지고 있었습니다. 경이로움으로 반짝이는 그의 눈으로 보는 세상은 새롭지 않은 것이 없고, 아름답지 않은 여인이 없습니다.

나는 이제 알았다. 조르바는 내가 오랫동안 찾고 찾았으나 만날 수 없었던 바로 그런 사람이었던 것이다. 살아 움직이는 심장을 가진 사나이, 크고 말이 푸짐한 입이 있으며, 위대한 야성의 정신이 있어 아직 대지의 젖줄에서 떨어져 나오지 않은 사나이였다. (……)

그는 사람을 보거나 꽃 핀 나무를 보거나 한 잔의 냉수를 대했을 때도 그와 같은 경이감을 느끼고 스스로에게 질문을 던졌다. 조르바는 매일 모든 것을 생전 처음 보는 듯 대했다.

―《그리스인 조르바》

행복한 조르바가 산투르를 켜며 껑충껑충 춤을 추는 모습이 보입니다. 늙은 카바레 가수 부불리나를 조르바는 아프로디테로, 작고 귀여운 비둘기로, 순수하고 향기로운 처녀의 모습으로 바꾸어 놓습니다. 참으로 대단한 능력자입니다. 사랑하고 싶은 멋진 사나이 조르바! 그는 온몸으로 진심을 다해 사랑하는 것이 얼마나 아름다운지를 보여줍니다.

오늘은 안갯속에서 제 마음이 어지럽게 헤맨 날이었습니다. 하지만 그 안개 덕분에 옆자리 벗이 얼마나 소중한지를 알았습니다. 앞이 보이지 않는 흐릿한 안개 숲으로 한 걸음을 뗄 수 있는 용기는 손으로 느껴지던 벗의 따뜻한 체온 때문이었습니다. 안개 속에서는 어떤 일도 일어날 수 있습니다. 안개가 흐르는 그 길을 걸어가는 법은 간단합니다. 앞사람이 간 그 길을 조금씩 더듬어가고, 때로는 옆 사람의 온기를 확인하며 서로가 서로를 부축하고 격려하며 가는 것이겠지요. 삶도 그러하리라 믿습니다. 그러면 축복처럼 안개는 길을 열어 진홍빛 물봉선 말아 올린 꽃잎 한 자락이 보이리라 믿습니다. 날씨가 차갑습니다. 감기 조심하십시오.

눈처럼 하얀 슬픔

―――――――――――――

《설국》, 가와바타 야스나리

    가을비가 내립니다. 비는 그칠 생각이 없는 듯 계속계속 내립니다. 비에 젖는 나무들이 보입니다. 절반쯤 잎을 떨어뜨리고 있는 배롱나무 끝 가지에 아직 몇 개의 붉은 꽃송이가 남았습니다. 금목서 나무 아래엔 금빛의 자잘하고 향기로운 꽃들이 날벌레처럼 쌓였습니다.

    저의 가을은 백두산에서 본 자작나무로 깊어집니다. 올가을 저는 원 없이 자작나무를 보았습니다. 길고 날씬한 자작나무, 노란 단풍이 든 자작나무, 어린 자작나무, 잎이 다 떨어진 자작나무…. 백두산 장백폭포 가는 길에는 정말 자작나무가 많았습니다. 수목한계선 아래 곧게 자라지 못하고 가지가 휘어진 하얀 숲은 정말 아름다웠습니다. 그 숲에서 눈으로 보고, 사진으로 찍고, 손가락으로 만져보고, 코로 냄새로 맡고, 몸으로 비벼보았습니다. 곰들이 자신의 체취를 묻혀 영역을 표시하듯 저 역시 영역표시를 하고 싶은 것이었을까요? 서리가 하얀 자작나무 숲에서 소설 《설국》을 생각하였습니다.

한적한 눈의 고장에서 게이샤로 살아가는 '고마코'는 삶의 순간마다 그 뜨거움으로 녹일 듯합니다. 청순한 모습과 아름다운 목소리를 가진 '요코', 특별한 일 없는 여행자 '시마무라'는 이 두 여인을 허무적 시선으로 바라보며 빠져듭니다. 특히 이 소설의 첫 부분은 아주 유명합니다. '국경의 긴 터널을 빠져나오자, 눈의 고장이었다. 밤의 밑바닥이 하얘졌다.' 삶이란 긴 터널의 끝에 눈부신 설국이 기다리고 있을 것 같다 생각하게 합니다. 섬세하고 아름다운 묘사와 차가운 눈의 풍경 사이로 온천의 뜨거운 열기가 함께 공존하듯, 설국 속에는 뜨거운 체온을 가진 사람의 이야기가 담겨 있습니다.

국경의 긴 터널을 빠져나오자, 눈의 고장이었다. 밤의 밑바닥이 하얘졌다. 신호소에 기차가 멈춰 섰다.
건너편 자리에서 처녀가 다가와 시마무라 앞의 유리창을 열어젖혔다. 차가운 눈의 기운이 흘러 들어섰다. (……)
가을 날씨가 쌀쌀해지면서 그의 방 다다미 위에는 거의 날마다 죽어가는 벌레가 있었다. 날개가 난난한 벌레는 한번 뒤집히면 다시 일어나지 못했다. 벌은 조금 걷다가 넘어지고 다시 걷다가 쓰러졌다. 계절이 바뀌듯 자연도 스러지고 마는 조용한 죽음이었으나, 다가가 보면 다리나 촉각을 떨며 몸부림치고 있었다. 이들의 조촐한 죽음의 장소로서 다다미 여덟 장 크기의 방은 지나치게 넓었다.
　　시마무라는 죽은 곤충을 버리려 손가락으로 주우며 집에 두고 온 아이들을 문득 떠올리기도 했다.

—《설국》

　눈처럼 하얀 슬픔이 쌓여 있는 그곳에 설국의 그녀들이 있습니다. 눈 속에 눈보다 더 하얀 나무들이 겨울을 겨울답게 만들듯이, 눈보다 더 하얀 슬픔은 설국으로 우리를 이끄는 것이겠지요. 비는 그쳤습니다. 비 그친 길가에는 물 묻은 나뭇잎이 바닥에 붙어서 바람에도 날리지 않습니다. 가을이 점점 깊어갑니다. 싸아하게 찬 기운이 몰려듭니다. 환절기 감기 조심하십시오.

강마을에서 보내는 독서 편지

오월의 신록 같은 책

《압록강은 흐른다》, 이미륵

 푸른 강물 위로 오월이 흐르는 강마을은 신록이 참으로 싱그럽습니다. 모심기를 위해 물 잡은 논에는 개구리 소리가 들리고, 비라도 오면 청개구리가 먼저 알고 목청을 높입니다. 어느새 여름이 성큼 다가섭니다. 자연은 참 쉬지 않고 흘러갑니다. '자연自然'이란 말의 사전적 의미는 '사람의 힘이 더해지지 아니하고 세상에 스스로 존재하거나 우주에 저절로 이루어지는 모든 존재나 상태'입니다. 절로 절로 저절로 이루어지는 상태겠지요. 자연적으로 이루어진 것은 억지로 만드는 것이 아닐 것입니다. 오월의 신록이나 꽃이 피고 새가 우는 것처럼 말입니다. 모두가 어려운 때입니다. 젊은이들은 일자리가 없어서 힘들어하고, 중년들은 직장에서 밑판으로 몰려가고 있습니다. 노년층은 빈곤과 푸대접으로 모진 추위를 견뎌야 합니다. 아, 오월은 신록은 너무나 아름답고 세월은 자연적으로 흘러가지만, 이 눈부신 꽃 잔치에 소외된 많은 사람이 있습니다. 비바람이 지나가면 다시 해가 나오듯이 겨울이 지나가면 봄은 반드시 오듯이 지금 우리의 삶이 팍팍해도 함께 서로를 배려하면서 같이 간다면 좋은 날이 올 것이라 믿습니다.

어쩌면 일제강점기 앞과 뒤를 돌아보아도 한 발 재껴 디딜 곳조차 없던 시대에 이미륵 선생이 그러하였을 것입니다. 3·1운동에 가담하였다가 일제의 억압을 피해 독일 땅으로 건너가 그곳에서 공부하고 문단 생활과 강의를 하다가 향년 51세의 나이로 쓸쓸히 타향에서 잠든 분입니다. 교실 학급 문고를 정리하다 보니, 아주 오래된 문고판 책이 발견되었습니다. 전혜린의 번역으로 우리나라에 소개된 《압록강은 흐른다》입니다. 저의 고등학교 시절, 전혜린의 수필을 읽으며 잠 못 드는 밤이 참 많았습니다. 언젠가 그녀의 글에 나오는 독일의 슈바빙을 꼭 가보리라. 그리고 회색 포도와 오렌지색 등이 있는 뮌헨을 그리워하였습니다. 그 시절의 벗처럼 반가운 책이었습니다. 먼지를 털어내고 다시 읽었습니다. 오월의 신록처럼 싱그럽고 서정적인 글은 여전히 아름답고 감동적이었습니다.

이 작품은 이미륵의 유년 시절부터 독일 유학에 이르기까지의 체험을 회상 형식으로 서술한 자전소설입니다. 근대화에서 식민지 시대에 이르는 역사적인 변혁기를 배경으로 작가의 소년 시절·가족관계·교우관계·학교생활을 비롯하여, 정신적이며 실제적인 관심사들을 서술하고 있습니다. 사촌들과 함께 보낸 어린 시절, 서당에서 한 한문 공부, 자연을 통하여 동양사상을 가르쳐준 아버지, 서양 학문으로 유도해준 친구들, 서울 유학과 식민지 학생으로서의 암울함, 3·1운동과 낙향을 서술하고 있습니다. 그리고 상해上海 망명과 독일 유학, 고국과 어머니에 대한 그리움 등이 매우 서정적으로 묘사되어 있습니다.

역사적인 사건과 자신의 성장 과정을 교체하는 서술 방법으로 전통과 변화, 동양과 서양의 가치 기준이 혼합된 시대 상황 속에서 동양적인 감성과 서양의 과학적인 이성을 지닌 하나의 인간으로 성숙하여가는 과정을 섬세하게 그려내고 있습니다. 작가 개인의 성장 과정을 중심으로 한국의 전통적·역사적인 배경에 신문명의 유입과 유럽 세계와의 접촉을 조명하고 있으며, 문체의 탁월함이 인정되어 한때 최우수 독문 소설로 선정된 바 있으며, 독일 교과서에 실려 지속적으로 애독되고 있습니다.

저는 이 글에서 일제의 눈을 피해 도망가는 미륵에게 하신 어머니의 말씀이 무척 인상적이었습니다. 다시는 만나지 못할지도 모를 눈에 넣어도 아프지 않을 막내아들에게 진심을 담아 이런 말씀을 하셨습니다.

　　너는 자주 낙심하기는 하였으나 그래도 충실히 너의 길을 걸어갔다. 나는 너를 무척 믿고 있다. 용기를 내라! 너는 쉽사리 국경을 넘을 것이고 또 결국에는 구라파에 갈 것이다. 이 에미 걱정은 말아라. 나는 네가 돌아오기를 조용히 기다리겠다. 세월은 그처럼 빨리 가니 비록 우리들이 다시 못 만나는 한이 있더라도 슬퍼 마라. 너는 나의 생활에 많고도 많은 기쁨을 가져다 주었다. 자! 내 애기야, 이젠 혼자 가거라.

이미륵 선생은 다시는 어머니를 만나지 못하였습니다. 이미륵의 투명하고 아름다운 영혼의 울림은 5월 밤이 깊도록 저를 붙잡고 있습니다. 밤은 깊고 무학산에 무성한 아카시아꽃의 향기는 바람을 타고 책 사이로 돌아다닙니다. 향기로운 봄밤입니다.

마음은 무엇입니까

《동양학을 읽는 월요일》, 조용헌

푸른 오월의 중순입니다. 마침 내린 촐촐한 비로 나무는 더 푸르고 윤이 납니다. 아카시아 나무 꽃송이가 물을 머금고 축 늘어져 있습니다. 바람이 건듯 불었는지 누런빛을 띤 보리밭이 쓰러져 있습니다. 해가 없는 탓에 자주달개비꽃의 아름다운 모습을 오전 내내 볼 수 있습니다.

《조용헌의 농양학을 읽는 월요일》을 읽었습니다. 짧은 길림들을 모아놓은 책이기에 후루룩 국수를 먹듯이 잘 읽힙니다. 상쾌하고 통쾌하고 즐겁습니다. 조용헌 선생은 신문에 칼럼을 연재하고 있어, 수많은 독자층을 형성하고 있습니다. 그의 박학다식과 강호를 두루 섭렵한 듯한 모습이 참 인상적입니다. 그의 책에서 촌철살인

寸鐵殺人의 경지에 이른 듯한 표현이 눈에 들어옵니다.

"마음은 무엇입니까?"
"눈에 보이지 않는 몸입니다."
"몸은 무엇입니까?"
"보이는 마음입니다."

요즘 제가 침잠하는 몸에 대한 생각이 인상적입니다. 평소 명리학에 관심을 가져서인지 그가 보여주는 사물의 편린片鱗이 즐겁게 그리고 깊게 다가옵니다. 사대부 집안에서 가장 선호하는 봉우리는 문필봉입니다. 봉우리 모양이 붓처럼 뾰족하게 생겼다고 해서 붙여진 이름으로 가문에 대학자가 나오려면 집 앞이나 뒷자리에 문필봉이 보여야 한다고 믿었습니다.

이 문필봉과 관련된 개인적인 이야기가 있습니다. 우리 집안의 묘소 중 문필봉이 보이는 곳에 뒷자리를 잡은 어른이 계신다고 큰집 할머니께서 말씀하였습니다. 그래서인지 친척 중에 유난히 교사가 많습니다. 그것이 모두 문필봉 덕이라고 하셨습니다. 이 말씀을 듣고 올해는 이 할아버지의 묘소를 다녀오겠다 다짐하였습니다. 새로운 책을 준비하며 문필봉의 기운을 받고 싶어서입니다. 조상님께 절 한 번 하고, 술 한 잔 드리고 오면 그 마음으로 더 좋은 책을 엮을 수 있을 것 같습니다.

즐거운 월요일, 동양학을 읽어서 행복한 아침입니다.

강마을에서 보내는 독서 편지

19세기 러시아를 만나다

《안나 카레니나》 레프 니콜라예비치 톨스토이

톨스토이의 소설 속 가장 아름다운 여인인 안나 카레니나는 다소 재미없고 나이 차이는 나지만 부유하고 능력 있는 남편, 사랑스러운 아들과 함께 살고 있는 교양 있고 사랑스러운 사교계의 꽃입니다. 그녀는 젊고 멋지며 격정적인 브론스키 백작을 만나 그 사랑에 몸을 던집니다. 감각적이고 격정적인 사랑의 화신인 안나와 브론스키에 대비되는 커플은 청렴한 지주 레빈과 키티입니다. 그들의 사랑은 성실함과 부드러움 그리고 영혼의 순수성이 곁들여져 아름답고 성스럽습니다. 레빈은 톨스토이 자신의 분신이라고 해도 좋을 만큼 철학적이고 도덕적입니다. 끊임없이 점진적으로 성장하는 인물입니다. 레빈과 키티는 작가 톨스토이가 생각하는 이상적인 부부상에 가장 근접해 있습니다.

소설《안나 카레니나》는 19세기 러시아 사회의 정치, 사회, 경제, 종교 등 거의 모든 것들이 다루어지는 방대한 소설입니다. 톨스토이의 다양한 관점이 책 속에 오롯이 녹아 있습니다.

이 소설은 "모든 행복한 가정은 서로 엇비슷하지만, 불행한 가정은 제각기 나름대로의 불행을 안고 산다."라고 시작합니다. 이 문장을 통해 톨스토이는 불행의 다양한 이유를 안나와 브론스키, 또 하나의 커플인 레빈과 키티를 통해 설명하고 있습니다.

이 소설의 줄거리를 살펴보면, 스테반 오브론스키 공작이 가정교사와 바람을 피워 부부 사이에 불화가 생기자 스테반의 여동생 안나 카레니나는 이들을 화해시키기 위해 모스크바에 옵니다. 안나의 노력으로 두 부부는 화해하지만 안나는 이곳에서 젊은 브론스키 백작에게 사로잡힙니다. 브론스키 역시 처음 만난 기차역에서 안나에게 매혹당해, 그를 사랑하며 청혼을 기다리던 키티를 외면합니다. 레빈 또한 키티에게 청혼하나 거절당하고 시골로 내려갑니다. 사랑의 고통으로 키티는 병이 들어 요양을 떠납니다. 브론스키와 안나는 밀회를 계속하며 속절없는 사랑으로 빠져들고, 안나는 남편 카레닌에게 이혼을 요구하지만, 그는 거절합니다. 결국 안나는 브론스키의 딸을 낳고 브론스키와 살기 위해 떠납니다. 상류사회의 멸시 속에서 안나는 브론스키의 사랑만으로 살아가지만, 브론스키는 안나와의 생활 속에서 사랑이 식어갑니다. 그 사실에 질투와 광기로 과민해진 안나는 자신을 사랑하지 않는 브론스키에 대한 절망감과 복수심으로 기차에 몸을 던집니다.

강마을에서 보내는 독서 편지

불행을 짊어지고 시작한 안나와 브론스키의 사랑은 성장과 발전이 없는 사랑입니다. 단지 욕구 충족이 있을 뿐입니다. 그래서 안나는 끊임없이 브론스키에게 집착하고 그의 사랑을 소유하고자 합니다. 사랑에 매달리는 안나, 그것이 짐스러운 브론스키는 결국 서로를 증오하게 되어 파국을 맞게 됩니다.

고려대 노어과 석영중 교수는 안나와 브론스키, 레빈과 키티 두 커플의 사랑의 의미를 설명합니다. 안나는 오직 변함없는 사랑만을 좇는 행동으로 불행해졌다고 말합니다. 그에 비하여 레빈과 키티는 결혼한 뒤에도 불안, 의심, 질투하지만 끊임없이 서로 소통하며 성장하는 아름다운 사랑의 모습을 보입니다. 특히, 레빈은 놀라운 자아의 성장을 보여줍니다. 그중 명장면으로 꼽히는 것이 풀베기 장면이라고 합니다. 농부들과 풀베기하는 과정에서 자아의 가장 깊은 곳까지 들어가게 됩니다. 몰입의 모습입니다.

레빈은 계속 젊은이와 노인 사이에서 풀을 벴다. 양가죽 재킷을 입은 노인은 여전히 쾌활하고 익살스럽고 움직임이 자유로웠다. 숲에서는 물기 어린 풀 틈에서 부풀어 오른 자작나무 버섯이 낫에 베여 계속 바닥에 떨어졌다. 하지만 노인은 버섯을 발견할 때마다 매번 허리를 굽혀 줍고는 품속에 집어넣었다. 그는 "또 힐밈에게 줄 선물이 생겼네." 하고 웅얼거리곤 했다. 축축하고 부드러운 풀을 베는 일이 아무리 쉽다 해도, 협곡의 가파른 비탈을 따라 오르내리는 일은 무척 힘들었다. 하지만 이것 역시 노인을 속박하진 못했다. 그는 계속 똑같은 모습으로 낫을 휘두르며 커다란 짚신에 쑤셔 넣은 발을 작은 보폭으로 단단하게 떼면서 험한 낭떠러지 위를 천천히 기어올랐다. 비록 온몸이 후들거리고 루바슈카 아래로 축 늘어진 바지가 떨리긴 했지만, 그는 걸어가는 내내 풀 한 가닥, 버섯 한 개도 놓치지 않으며 계속 농부들과 레빈에게 농을 지껄였다. 레빈은 그를 따라가면서, 낫을 들지 않아도 오르기 힘든 이 가파른 언덕을 이렇게 낫을 들고 오르다 보면 틀림없이 떨어지고 말 거라는 생각에 잠기곤 했다. 그러나 끝까지 올라가 해야 할 일을 다 해냈다. 그는 어떤 외부의 힘이 그를 움직이는 듯한 느낌을 받았다.

—《안나 카레니나》 부분

톨스토이의 분신 같은 레빈의 모습을 통해 톨스토이는 인간의 삶이 감각적이고 욕구 충족을 위한 것이 아니라 좀 더 높은 경지의 삶을 이야기합니다. 도덕적이고 종교적이며 정신적으로 성장하는 젊은이로서 안락하고 풍요로운 생활보다는 농민들의 생활을 좀 더 깊이 있게 이해하고 함께하기를 원합니다. 지주는 금 숟가락을 물고 태어난 존재지만 온갖 향락만을 즐기는 것은 비도덕적이며, 그 물질적 풍요는 누군가의 희생으로 이루어진 것임을 인식하고 그 풍요를 이룬 자들과 나누어 가질 수 있는 사회를 꿈꾸는 열린 작가입니다. '19세기 러시아의 젊은이와 21세기 한국의 젊은이가 과연 다를까'라는 생각합니다. 한국의 젊은이 중 많은 이는 근면하고 성실하고 철학적 성찰이 있는 삶보다는 자신의 욕구가 충족되는 풍족하고 감각적 모습을 더 선호하는 듯합니다. 이 소설을 통해 우리는 아름다운 안나가 결코 행복할 수 없었던 이유를 생각해야 합니다. 행복한 사람의 눈에는 긍정적이고 맑은 도덕의 향기가 서려 있고, 불행한 사람은 그 불행의 이유를 끊임없이 만들어 낼 것입니다. 불행의 원인을 누군가에게 항의하고 싶을 것입니다. 안나가 자신이 선택한 사랑으로 불행해지고 난 뒤, 브론스키에게 더 많은 사랑을 요구하고 불행을 견디지 못해 자살을 선택하는 것이 그 모습이라 볼 수 있습니다.

대문장가 톨스토이는 왜 이 문장으로 소설을 시작했을까요? 다시 읽어 봅니다.

　　행복한 가정은 모두 모습이 비슷하고, 불행한 가정은 모두 제각각의 불행을 안고 있다.

동물-되기 그리고 천 개의 고원

《천 개의 고원》, 질 들뢰즈, 펠릭스 가타리
《들뢰즈의 안드로메다》, 이수경

프랑스의 대표적 철학자 질 들뢰즈와 펠리스 가타리가 공동으로 쓴 《천 개의 고원》을 펼치면 이런 조언이 서문에 있습니다. "이 책은 《자본주의와 분열증》의 속편이자 완결편으로서 첫째 권은 《안티-오이디푸스》입니다. 이 책은 장이 아니라 '고원'으로 이루어져 있습니다. 결론을 제외하고 각 고원들은 어느 정도 독립적으로 읽을 수 있습니다." 그래서 일반적인 철학 서적과 달리 순서를 지키지 않아도 되도록 만들어져 있습니다. 그리고 저자들은 책을 '성서'처럼 떠받들 것이 아니라 무기로 사용하라고 합니다. 더 많은 도구-무기를 끄집어내는 것도 책을 잘 읽는 일일 것입니다. 대단한 분들입니다.

서론인 제1편 '리좀'은 책 전체의 압축입니다. 리좀은 나무에 대비됩니다. 나무가 세상의 예정된 질서라면, 리좀은 발견의 대상이며 세상을 초월적으로 지배하는 원리로 소개됩니다. 리좀은 스스로 질서를 만들어가며 무한한 연결 접속을 창조해낼 수 있는 내재적 원리라고 말합니다.

> 땅밑줄기의 다른 말인 리좀은 뿌리나 수염뿌리와 완전히 다르다. 구근이나 덩이줄기는 리좀이다. 뿌리나 수염뿌리를 갖고 있는 식물도 다른 각도에서 보면 리좀처럼 보일 수 있다. 즉 식물학이 특성상 완전히 리좀의 형태로 되어 있다는 것을 아는 것이 중요하다. 심지어 동물조차도 떼거리 형태로 보면 리좀이다. 쥐가 사는 굴도 서식하고 식량을 조달하고 이동하고 은신 출몰하는 등 모든 기능을 볼 때 리좀이다. (…중략…) 리좀의 어떤 지점이건 다른 어떤 지점과도 연결 접속할 수 있고 또 연결 접속되어야 한다. 그것은 하나의 점, 하나의 질서를 고정시키는 나무나 뿌리와는 전혀 다르다.
> —《천 개의 고원》

《천 개의 고원》 속에는 다양체, 동물-되기, 고원을 가로지르는 영토들과 탈영토 된 단계, 유목민의 전쟁 기계와 국가 장치, 매끈한 공산과 홈 패인 공산 등의 다양한 철학적 개념들이 배치되어 서를 부르고 있습니다. 저는 이 고원을 오르며 수많은 좌절과 이따금 선물처럼 주어지는 기쁨과 마주하였습니다.

들뢰즈와 가타리가 언급한 '동물-되기'를 새롭게 해석한 이수경의 《들뢰즈의 안드로메다》를 가을 내내 밑줄을 그어가며 읽었습니다. 동물-되기는 신체의 기능과 강밀도의 분포를 달리해서 신체의 변화를 꾀하는 것, 존재의 문턱을 넘어서서 다른 존재로 재구축하는 것을 뜻합니다. 이는 신체가 내재화하고 있는 힘과 의지, 욕망의 구조를 재구축함으로써 되기를 이룬 주체는 이제까지와는 다른 지층으로 탈주합니다. 그러한 다양한 동물-되기의 사례를 통해 그 되기의 주체들의 의식 상태가 차별성을 가지고 있으며, 이것이 윌버의 의식 수준에서 어느 지점에 있는지를 이 책에서 고찰하고 있습니다. 이해가 될 듯 말 듯 마음이 간질간질하였습니다.

들뢰즈와 가타리는 사물의 본질은 항상 변화하는 것이라 합니다. 이는 존재를 하나의 흐름으로 파악한다는 의미이며, 존재는 지각할 수 없는 비-논리에 의해서만 가능하다고 할 수 있습니다. 결국 들뢰즈와 가타리에게 사유란 유연한 흐름이며 끊임없이 무엇인가 되려고 하는 능동적 방향으로 이것은 결국 기관 없는 신체와 같이 존재와 무, 삶과 죽음으로 나눌 수 있으며 영토화와 탈영토화가 끊임없이 생성되고 사라지는 흐름, 또는 그 사이의 긴장입니다.

> 모든 존재하는 것은 하나의 탈주의 선을 만들어 생성(되기)을 향하고 싶어 한다. '되기'는 끊임없는 관계 속에서 다른 삶으로 이행할 수 있다는 점에서 그 탁월성이 있다. (……)
>
> 《변신》의 주인공 그레고르는 갑충이 됨으로써 자신의 존재가 가족에게 어떠한 위치를 차지하는지 인식하게 되었고, 실존적인 상황에 처해 있는 자신을 발견할 수 있었다. 따라서 그레고르 잠자의 의

식 상태는 적어도 ④규칙 - 역할심 수준을 넘어 ⑥비전 - 논리적 수준, 즉 실존적 자기의 인식에 이르게 된 것으로 보인다. 그레고르 잠자는 자신이 살고 있는 세계 속에서 자신의 역할이 갖는 가치의 허무를 깨닫게 되고 나아가 자신을 에워싸고 있는 외부세계가 탈주하기에는 너무나 견고하다는 것을 체험했을 것이다.

—《들뢰즈의 안드로메다》

서리가 내린다는 상강을 지났습니다. 비 내리는 마산항의 휘황한 불빛은 가을꽃이 되어 새로운 탈주선을 만듭니다. 날씨가 추워질 것입니다. 건강 조심하시기 바랍니다.

어디서 살 것인가

《한국풍수인물사》, 최창조
《어디서 살 것인가》, 유현준

    비 갠 삼월의 숲은 연분홍 진달래꽃이 흐드러지게 피어 산을 감싸고 길가에는 황금빛 폭포를 이루는 개나리가 눈부십니다. 매주 오르는 산은 옛 마산 시가지 서북쪽에서 병풍처럼 둘러싼 크고 작은 능선과 여러 갈래의 계곡으로 이루어져 있습니다. 신라 말 고운 최치원이 이곳에 머물면서 산세를 보니 학이 나는 것 같다고 하여 무학산舞鶴山으로 불리게 되었다고 합니다. 집에서 보면 산줄기를 따라 절벽으로 이루어진 아름다운 학봉이 보입니다. 이곳의 다른 이름은 고운대입니다.
    최치원이 수양하였다고 전해지는 고운대는 무학산의 정기를 느끼며 아름다운 합포만을 조망할 수 있는 장소입니다. 구름이 이곳을 둘러싸고 있을 때면 마치 신선이 사는 곳 같습니다. 고려를 대표하는 천재 시인 정지상, 조선의 이황李滉과 정구를 비롯한 학자들이 고운대를 찾아 시를 남기기도 하였습니다.

무학산의 풍수는 이렇게 전합니다. 학의 머리에 해당하는 학봉을 중심으로 산 정상은 학의 몸통이고, 오른쪽 날개는 봉화산으로 이어지는 능선입니다. 대곡산과 만날재로 이어지는 산줄기가 왼쪽 날개입니다.

제가 사는 완월동은 학의 두 날개 사이에 자리하고 있어 명당이라 불립니다. 글을 쓰다 막힐 때면 고운대가 보이는 완월폭포 근처로 산책합니다. 선생께서 걸었던 산길을 오르며 계곡의 푸른 물소리와 소나무의 청청한 잎, 은사시나무 하얀 줄기에 눈을 맞추고 심호흡을 합니다. 그러면 학봉 아래 십자 바위의 큰 기운이 저를 편안하게 해주는 듯합니다. 명당의 기운입니다.

풍수에 대한 생각을 뒷받침해 준 분이 자생풍수의 탁월한 연구자이자 학문적 입지를 다진 최창조 교수입니다. 그의 책《한국풍수인물사》를 읽었습니다. 도선에서 시작하여 무학을 거쳐 동학에 이르는 자생풍수는 비보 풍수와 개벽 사상의 두 기본 사고로 구성되어 있습니다. 어머니 땅의 병을 고쳐드리고 화를 풀어 안온한 명당으로 만들어 대동 세상으로 만들어 보자는 것이 그의 생각입니다.

풍수는 기본적으로 사람과 땅 사이의 상생과 조화에 관심을 가지고, 땅을 어머니 혹은 생명체로 여기기에 단순한 물질로 생각하지 않습니다. 그래서 땅은 소유나 이용의 대상이 될 수 없다고 합니다. 명당이란 찾는 것이 아니라 만들어 가는 장소입니다. 자기가 사는 자리를 명당이라 여기며 소중하게 가꾸어 간다면 우리가 사는 모든 곳이 아름다운 살림터이고 상생의 장소가 되리라 믿습니다.

집 앞에 제법 넓은 화단이 있습니다. 이곳에 피는 수많은 꽃을 보는 것이 무척 즐겁습니다. 봄이면 노란 수선화를 시작으로, 원추리와 초롱꽃이 무수한 꽃대를 올리고 멕시코해바라기의 굳센 얼굴이 보이면 여름입니다. 곧이어 키 큰 참나리의 주근깨 가득한 모습이 담장에 기대어 서고, 보랏빛 벌개미취꽃이 다투어 핍니다. 저와 남편은 몇 년 동안 꽃모종을 심고 가꾼 이곳을 '어리석은 자의 정원'이라 부릅니다. 이 정원은 가을이 최고입니다.

일시에 수백 송이의 화사한 꽃무릇이 피어나 바람에 사르르 흔들리는 모습은 정말 아름답습니다. 길 가던 사람들이 꽃무리에 이끌려 들어서기도 합니다. 꽃 이름을 묻기도 하고, 잡초를 뽑고 있는 저와 남편에게 수고한다는 인사도 합니다. 이렇게 낯선 이가 낯설지 않게 느껴지는 것은 특별한 공간에서 같은 즐거움을 나누었기 때문일 것입니다. 공간이 주는 마법입니다.

어릴 적 집 마당에는 봉선화가 많이 피었습니다. 손가락에 꽃물을 들이기 위해 평상에 누우면, 우리 옆으로 노란 수세미꽃이 피고 호박 덩굴이 울타리를 타고 올랐습니다. 가을이면 누렁 호박으로 호박죽을 끓여서 나누어 먹었습니다. 소도시 변두리의 흔한 풍경이었습니다.

학교에서 돌아올 때면 대문 앞에서 열무를 다듬는 어머니와 동네 아주머니들의 이야기꽃이 한창이었습니다. 겨울 초입엔 명태가 마당과 옥상에 주렁주렁 걸렸습니다. 겨우내 먹을 양식입니다. 이따금 적당히 마른 명태의 껍질을 벗기고 저며 먹었습니다. 까만 어둠이 내린 밤, 이불 아래 발을 옹기종기 넣고 어머니께서 발라주는 살을 초고추장 찍어 냉큼냉큼 받아먹었습니다. 바람이 맵게 불고 눈발 희끗희끗한 겨울밤이면 그 맛이 그립습니다.

사람이 사는 골목 공간의 아름다움과 따뜻함에 대한 책이 《어디서 살 것인가》입니다. 유현준 교수는 자연발생적으로 만들어진 골목 공간의 편안함을 이야기합니다. 저는 그의 말에 동의하면서 도시의 차가운 거리는 익명성으로 포장되어 무표정함을 만들어낸다고 생각합니다. 이곳은 편안할 수는 있지만 도리어 그것이 칼날이 되어 범죄를 만들어내는 것이 아닐까요? 인터넷 공간의 익명성은 자유로운 의견을 내놓을 수도 있지만, 얼굴을 가린 악성 댓글로 사람들에게 상처를 만들듯이 모든 것은 동전 양면처럼 존재한다고 생각합니다.

생활 공간과 건축과 도시를 종횡무진으로 활약하는 그의 독특한 시각과 통찰을 통해 제가 사는 공간을 찬찬히 들여다보는 즐거움을 느낄 수 있습니다. 특히, 철학적 사유가 곁들여진 과거와 현재와 미래의 건축에 대한 그의 인문학적 해석은 읽는 내내 저를 행복하게 만들었습니다.

현대의 명당이란 어떤 곳인가를 생각합니다. 멋진 바다 풍광을 볼 수 있는 아주 높은 곳이 아니라, 사람이 체취를 나누고 정을 발견하는 따뜻한 곳이 진정한 명당이 아닐까요? 소유가 아닌 상생의 땅으로 만드는 것, 최고의 명당으로 가는 길이라 생각해 봅니다.

바슐라르 그리고 반바지 당나귀

《공간의 시학》, 가스통 바슐라르
《반바지 당나귀》, 앙리 보스코

도서관에서 책을 빌려 나오자, 따뜻한 봄볕이 쏟아집니다. 고운 봄날이 좋아 로비에 앉아 가스통 바슐라르의 책 《공간의 시학》을 읽었습니다. 현대 프랑스 대표적인 철학자의 한 사람으로 그의 학자적 삶은 전설적입니다. 시골 우체국 직원에서 출발하여 독학으로 소르본 대학의 교수가 되었습니다. 그의 삶을 대할 때면 직업과 학업을 병행하기 힘들어 쩔쩔매는 제가 부끄러워집니다.

저자는 집, 집과 세계, 서랍과 상자와 장롱, 새집, 조개껍질, 구석, 세미화細微畵, 내밀內密의 무한, 안과 밖의 변증법, 원의 현상학 등의 소제목을 통해 이미지의 현상학을 추구하고 있습니다. 먼저 인간의 집과 사물들의 집이라고 할 수 있는 서랍, 상자, 장롱 등을 통해서 숨겨진 것의 미학을 이야기하였고, '세미細微'와 '무한'을 주제로 하여 큼과 작음의 변증법을 살펴보고 있습니다. 이 책에서 상상력의 궁극성은 '요나 콤플렉스'라고 합니다. 그것은 어머니 태반 속에 있을 때 우리들의 무의식 속에 형성된 이미지로서, 사람이 어떤 공간에 감싸듯이 들어 있을 때 안온함과 평화로움을 느끼는 것은 요나 콤플렉스 때문이라고 말합니다.

상상력의 독자성에 대한 논증으로 이 책에 제시된 것이 시적 교감 현상입니다. 외계 대상의 이미지를 받아들여 그것을 스스로 이상적인 것으로 삼고 변화시켜 가는 상상력의 작용은 시인과 독자 양쪽이 같기 때문에 시적 교감이 가능합니다. 상상력의 보편성을 보여주는 궁극성을 표현하는 것이 이미지입니다. 상상한 가운데 가장 이상적이고 보편적인 가치를 창조한 시적 이미지는 나 아닌 시인, 즉 타자의 상상력에 의해 창조된 것임에도 아름답다고 느끼는 것입니다.

바슐라르는 앙리 보스코의 작품 속 '불 켜진 램프'에서 인간의 형이상학적 기다림, 초월을 향한 꺼지지 않는 내밀한 갈증을 읽어내었습니다. 그의 책에 유난히 많이 인용된 앙리 보스코의 글이 무척 궁금하였습니다. 검색하여 우리나라에 번역된 두 권의 책을 주문하였습니다. 그중 제복이 인상적인 《반바지 낭나귀》를 읽었습니다. 헤르만 헤세를 연상시키는 푸른 숲이 있는 이야기 속으로 들어갔습니다. 사이프러스 나무에 기대어 서서 바라보는 푸른 하늘과 그 사이로 지나가는 흰 구름, 알 수 없는 세계와 그곳을 갈망하는 영혼과 신비로운 사물이 인연의 끈으로 이어져 있는 듯하였습니다.

이야기는 남프랑스 지방의 시골 마을에 사는 소년 콩스탕탱의 시선이 저 높은 산 위에 자리 잡은 어떤 신비한 영토로 향하는 것으로 시작됩니다. 그곳에는 어디에서 왔는지 모르는 수수께끼 같은 노인이 살고 있습니다. 그는 필요한 일이 있을 때면 당나귀 한 마리를 마을에 내려보냅니다. 겨울 추위가 시작될 즈음이면 반바지를 입은 채 나타나는 이 당나귀는 조용하고 겸손하며 영특하고 어딘지 모를 경이로움까지 느껴집니다. 소년은 이 당나귀에게 이끌려 산 위 불모의 땅까지 이르고, 그곳에서 노인과 동물들을 만납니다. 그곳에선 척박하기 이를 데 없는 땅을 뚫고 솟아 나온 꽃을 가득 단 아몬드 나무들과 함께 '천국'이 막 피어 있었습니다. 가이욜 다리로부터 시작되는 알 수 없는 곳을 오가는 두 아이, 콩스탕탱과 이아생트는 자기들도 모르게 운명을 산 위의 그곳으로 잇게 됩니다.

그는 머리를 들어 나를 보았다. 난 결코, 여태껏 날 향해 들린 짐승의 눈길 중에서 가장 깊었던, 그 사려 깊은 눈길을 잊지 못할 것이다. (…중략…) 이제 막 피어난 샐비어와 봄철을 맞은 백리향의 은근한 보랏빛, 물어뜯긴 뿌리의 선 붉은색, 그리고 젊은 꿀벌들이 맹렬하게 실어나르는 꿀의 단맛 나는 줄기를 가진 스페인 금작화의 그 황금 빛깔들이 말이다.

당나귀는 내 가까이에 있었다. 그는 나를 바라보았다.

'반바지 당나귀….'

바로 내 곁에 닿을 듯이, 내 손 위로 그의 축축한 숨결이, 부드러운 그 커다란 콧구멍이, 그리고 동물 특유의 그 좋은 따스함이 느껴졌다.

—〈반바지 당나귀〉

　소박한 시골을 배경으로 인간미 넘치는 따스한 시선에 포착된 전원적 삶의 풍경이 무척 아름답습니다. 향기로운 아몬드나무 꽃가지를 지고 나를 향해 다가설 것 같은 반바지 당나귀와 신비로운 숲의 경이로움이 인상적인 책입니다. 봄이 오는 길목에서 프로방스의 숲으로 몽환적 여행을 떠나고 싶은 사람에게《반바지 당나귀》를 권합니다.

　가스통 바슐라르의 문학 사상은 테마 비평의 이론적 근거가 되었습니다. 저 역시 그의 이론으로 근거를 마련하고 논문 작업을 시작하고 있습니다. 상상력의 철학자, 몽상의 철학자로 불리는 바슐라르의 멋진 책과 그를 통해 알게 된 새로운 책을 읽으며 봄을 기다립니다. 곧 겨울과 작별해야 할 것입니다. 반바지 당나귀에 실려 오는 아몬드 꽃가지처럼 향기로운 새봄 되시기 바랍니다.

삶을 바꾼 만남

《불편한 편의점》, 김호연

　　김호연 작가의 소설 《불편한 편의점》은 한 사람의 인생을 바꾼 아름다운 인연이 등장합니다. 서울역 노숙자와 편의점 사장님의 만남입니다. 청파동 골목에 자리 잡은 작은 편의점 ALWAYS. 어느 날 서울역에서 노숙인으로 살던 덩치가 곰 같은 사내가 야간 알바로 들어오면서 편의점에 일어나는 마음 따뜻한 이야기가 전개됩니다. 역사 선생님이었던 70대 주인은 자신의 지갑을 찾아준 노숙자 독고 씨를 그녀가 운영하는 편의점으로 데려와 일자리를 제공하며 겨울을 따뜻하게 보내라고 합니다. 덩치가 커다란 이 사내는 알콜성 치매로 과거를 기억하지 못하고 행동도 느려 같이 근무하는 사람들을 걱정시키지만, 의외로 일을 잘하고 주변 사람들을 사로잡으면서 편의점의 밤을 등대처럼 지킵니다.

"독고 씨 할 수 있어요. 곧 날 추워질 텐데 밤에도 따뜻한 편의점에 머물고 돈도 벌고 얼마나 좋아요."

염 여사는 독고 씨의 눈을 똑바로 응시하며 답을 기다렸다. 독고 씨는 시선을 피한 채 곤란한 듯 광대를 연신 씰룩이다가 작은 눈을 돌려 그녀를 살폈다.

"저한테 왜…… 잘해주세요?"

"독고 씨 하는 만큼이야. 게다가 나 힘들고 무서워 밤에 편의점 못 있겠어요. 그쪽이 일해줘야 해요."

"나…… 누군지…… 모르잖아요."

"뭘 몰라. 나 도와주는 사람이죠."

"나를 나도 모르는데…… 믿을 수 있어요?"

"내가 고등학교 선생으로 정년 채울 때까지 만난 학생만 수만 명이에요. 사람 보는 눈 있어요. 독고 씨는 술만 끊으면 잘할 수 있을 거예요."

―〈불편한 편의점〉 부분

불편한 편의점으로 그 따뜻한 불편함이 좋아 자꾸만 사람들이 모여듭니다. 책을 읽는 내내 행복하였습니다. 입가에 웃음을 머금고 세상은 이렇게 살아야 하지 않을까 하는 생각을 하였습니다. 서로의 온기를 나누고 상처를 보듬어주며 힘내라고 말하는 것이 이웃이 아닐까요.

사람들 사이에 꽃이 핍니다

《아이들 삶에서 꽃이 핍니다》, 김강수
《외딴방》, 신경숙

    지난봄입니다. 의령의 진산 자굴산으로 답사 산행을 갔습니다. 산 입구에 진달래 몇 송이가 피어 우리를 반기고 있었지만, 그네의 입술이 떨고 있었습니다. 꽃샘추위 속에 비와 섞여 눈이 내리고 있었습니다. 얄궂은 날씨라고 하면서 십여 분을 올랐습니다. 하지만 자꾸만 다리가 무거워지고 호흡이 고르지 못합니다. 발이 천근만근이 된 듯합니다. 일행에게 양해를 구하고 저는 산행을 포기하였습니다.
    주차장 근처 찻집에서 일행을 기다리기로 하였습니다. 비틀스의 노래가 흘러나오는 한적한 시골 찻집에서 뜨거운 커피를 시키고 앉아 있었습니다. 무료해 책꽂이에 꽂힌 몇 권의 책을 뒤적이기 시작하였습니다. 저자의 서명이 들어 있는 책 한 권을 발견하였습니다. 삶을 가꾸는 교육, 말과 글이 함께 어우러지는 온교육을 실천하는 김강수 선생님의 편지를 엮어 놓은 교육산문집《아이들 삶에서 꽃이 핍니다》입니다. 눈이 번쩍 뜨였습니다.

경기도 남양주 물골안 마을에서 선생님이 2년여 동안 아이들과 함께한 다양한 빛깔의 이야기가 오롯이 담겨 있었습니다. 세상의 시간이 봄, 여름, 가을, 겨울로 바뀌듯 계절별로 나누어진 내용에는 여러 선생님의 깊은 고민과 교육적 실천이 따뜻한 온기가 되어 다가왔습니다. 아이들을 집에 데리고 와서 하룻밤 같이 재우고, 일일이 가정 방문하며 나누는 다정한 소통과 이따금 마음을 다하지 못한 아이들에게 느끼는 후회 등의 이야기가 산과 들에 꽃처럼 피어났습니다. 소소한 일상에도 교육적 의지를 갖추고 실천하는 모습이 마치 이오덕 선생님의 교육 일기를 읽는 듯 즐거웠습니다. 아이들을 진심으로 대하는 모습이 선생님 역시 학생들과 함께 피는 꽃송이 같다고 생각하였습니다.

> 수직과 수평이 차이인 것 같습니다. 수직은 높이입니다. 높이 쌓거나 높이 올라가면 떨어질 수 있습니다. 위태롭습니다. 오직 그 높이의 끝에 가보고 싶은 마음뿐입니다. 그렇다 보니 함께할 수 없습니다.
> 반대로 수평은 실이입니다. 길게 늘어 세우거나 길게 기는 것은 시간이 걸리고 힘이 들기는 해도 떨어질 위험이 없습니다. 떨어질까 걱정되지 않으니 주위를 둘러볼 수 있고 더 먼 길을 갈 수 있습니다. 더 멀리 가려다 보니 함께 갈 수밖에 없습니다.
> 　　　　　　　　　　　　　　　　─《아이들 삶에서 꽃이 핍니다》

저자가 존경하는 이오덕 선생님의 뜻을 이어받고자 하는 마음이 글 곳곳에서 묻어나고 있었습니다. 그러면서 저의 초임 시절이 생각났습니다. 학교 앞 자취방에서 이오덕 선생님의 '교육 일기'을 읽으며 조금은 좋은 선생이 되고자 하였던 스물 몇 살의 어린 선생은 학교 생활이 참 어려웠습니다. 세월이 흘러 이제 퇴직을 몇 년 남겨둔 나이 많은 선생이 되었습니다. 지금도 저는 수업을 마치고 교무실 책상에 앉으면 늘 부끄럽습니다. 그러면서 제가 아이들의 삶에 작은 꽃을 피우는 조그마한 힘이, 거름이 되기를 기도합니다.

가끔 신神은 우리 삶에 뜻밖의 선물을 숨겨두시나 봅니다. 시골 찻집에서 귀한 책 한 권을 만나 행복하였습니다. 영험한 자굴산 신령님께서 다녀가셨나 봅니다.

신경숙 작가의 소설 《외딴방》은 다음과 같은 물음으로 시작합니다. "이 글은 사실도 픽션도 아닌 그 중간쯤의 글이 될 것 같은 예감이다. 하지만 그걸 문학이라고 할 수 있을 것인지 글쓰기를 생각해 본다. 내게 글쓰기란 무엇인가? 하고." 마지막 역시, 비슷한 물음으로 끝이 납니다. 자전적 소설이기도 한 이 글은 열여섯에서 스무 살까지의 '나'가 유신 말기에 '산업체 특별학급'에 다니면서 구로공단에서 일하던 시절의 이야기입니다.

외사촌 언니와 함께 고향을 떠나 서울로 온 주인공은 낮에는 일하고 밤에는 학교에 다니는 큰오빠와 함께 가리봉동의 외딴 방에 기거하며 동남전기주식회사에 다닙니다. 열악한 노동 환경에서 고된 노동을 하고, 가난과 절망에 시달렸던 주인공은 열망하던 공부를 할 수 있는 야간 학교에 다닐 수 있게 됩니다. 외딴 방에서 만나 의지하고 좋아했던 희재 언니는 가난하고 불우한 일상을 보내야 했던 대표적 인물입니다. 희재 언니의 끔찍한 죽음을 저도 모르게 방조한 충격으로 인해 외딴 방에서 탈출하고 외딴 방은 오랫동안 자물쇠로 봉인합니다.

하지만 같은 학교에 다니던 오래전 급우의 "그 시절의 우리가 부끄러웠느냐?"는 질문에 비로소 그 시절을 열어보려 합니다. 외딴 방 시절의 과거와 그 시절을 집필하는 나의 시간이 교차하며 알 수 없는 무늬를 그립니다. 이 소설의 인상적 모티프는 우물에 빠뜨린 쇠스랑과 외사촌 언니의 백로 이야기입니다. 계속 등장하는 이 두 가지 모티프의 변주가 흥미로웠습니다. 자본주의의 추악한 뒷모습과 노조에 대한 부당한 탄압과 YH 사건, 광주 학살과 삼청교육대의 인권 유린에 대한 내용이 생생하게 어린 소녀의 눈을 통해 드러나고 있습니다.

살아 있다는 것. 우리가 그 골목에서 간이숙박소 같은 삶을 살았다고 해도, 중요한 것은 살아 있다는 것이야. 일상에 매여 일 년을 통화 한번 못 한다고 해도 수첩 속에 오래된 전화번호를 가지고 있다는 것. 내 손을 뻗어 다른 손을 잡을 수 있다는 것. 설령 내가 언니가 이 세상에 존재했었다는 걸 기억하지 못한다고 해도 언니가 이 세상의 어느 공기 속에서 아침마다 눈을 뜨고 숨을 쉬며 악다구니를 쓰며 살아가고 있다면… 나는 내 열여섯에서 스물까지의 시간과 공간들을 피해 오지 않았을 거야. 내가 기억한들, 언제까지나 기억한들… 그런들… 그런 것이 무슨 소용이지? 기억으로 뭘 변화시켜 놓을 수 있어?

―《외딴방》

저 역시 80년대에 어려운 가정형편으로 인문계가 아닌 상업계고등학교로 진학하였습니다. 그리고 제가 다니던 여상에는 교실을 공유하던 야간반 언니들이 있었습니다. 아침에 등교하면 가끔 교실이 어질러져 있었습니다. 반장이었던 저는 주간 아이들을 대표해서 저녁에 남아 야간반 반장 언니를 만났습니다. 저보다 몇 살은 나이가 들어 보이는 창백한 얼굴의 교복 입은 언니를 기억합니다. 그 언니와는 말이 잘 통해 꽤 오랫동안 이야기하였습니다. 교실은 깨끗해졌습니다. 삼십여 년 전의 마산은 전국에서 여성의 성비가 높았던 곳으로 유명하였습니다. 전국의 빈촌에서 어린 동생의 학비를 벌기 위해 왔던 소녀들이 수출자유지역 공장에서 쏟아져 나오던 풍경을 아직도 기억합니다. 새까맣게 윤이 나던 단발머리 소녀들이 끝없이 밀려 나오던 수출자유지역 후문 앞…. 와르르 쏟아지던 웃음들, 수런수런하게 들리던 그녀들의 목소리들, 옅은 푸른색의 근무복….

《외딴방》은 결국 저의 이야기이고, 아픈 노동의 역사입니다. 어깨에 무거운 짐을 지고 천천히 뻘밭을 걸어가는 낙타처럼 살았던 가난한 장남들의 눈물이고, 웃음 많고 정이 넘치는 누나의 희망일 것입니다. 그 시절, 우리의 이야기는 사람들 사이에 피는 눈부신 꽃의 시절일 것입니다.

Part ——— 4

그리움과
삶의 길을 따라
흐르는 언어

오동나무 거울, 혼을 비추는 고갱이

《오동나무 거울》, 박숙희

무학산 자락, 학봉이 보이는 찻집에서 시인의 새로운 시집을 받은 날은 겨울비가 내린 날이었다. 된바람 소리가 지나가는 동지 무렵의 겨울은 칠흑처럼 어두웠지만, 밤을 새운 그녀의 시들은 저수지의 별로, 우물 속 두레박으로 때로는 본포의 참달맞이꽃이 되었다.

서산대사의 마지막 게송 "삶은 한 조각 구름이 일어남과 같고/ 죽음은 한 조각 구름이 사라지는 것과 같구나/ 뜬구름은 본래 실체가 없는 것이니/ 죽고 살고 오고 가는 것이 모두 그와 같도다"에서 뜬구름이란 일정한 형태를 갖추고 있지만, 우리에게 보여지는 일시적인 것이다. 그저 허공의 수증기가 형태를 끊임없이 변화하는 존재이다. 밖에서 보는 우리는 다만 입자들이 모였다 흩어지기를 반복하는구나 하고 짐작할 뿐이다.

뜬구름은 삶의 블랙박스와 같다고 할 수 있다. 모습이 감추어진 실체가 없는 뜬구름은 또한 인간 개인의 생사를 넘어 만물의 오고 감, 과거와 미래를 포함하고 있는 시간 흐름의 장소로 해석될 수 있다. 과거와 미래를 포함하고 생성과 사건의 발동기, 시의 탄생을 내포하는 공간, 삶의 배치가 일어나는 곳, 무형식과 형식의 정서가 엉켜 있는 곳을 가리킨다고 볼 수 있다. 시인 박숙희의 삶에 있어서 이러한 뜬구름 같은 공간, 그녀 내면의 블랙박스가 있는 공간은 어떠한 곳일까?

박숙희의 시 〈마티네의 가을바다〉, 〈본포의 가을〉, 〈용지호수의 밤〉, 〈남해에서〉 등에서 알 수 있듯이 시의 배경이 되는 공간들이 강변, 저수지, 바다가 많이 등장한다. 시인이 창원의 용지호수 근처에서 자라 마산 앞바다가 보이는 성지여고를 다녔고, 젊은 시절 귀산 바다 근처에서 직장 생활을 하였고, 그녀의 산책길이 낙동강의 본포 언저리이기 때문일 것이리라. 시에 나타난 공간과 그 속에 녹아있는 시간의 내쏘는 다시 특별한 공산의 의미로 흔적을 남긴다.

이푸투인은 《공간과 징소》에서 '민약 공간이 방향이니 특별한 관점을 지니고 있다면 그 공간은 역사적인 곳이 된다'라고 하였다.

즉, 우리가 정신적으로 공간을 향해 움직일 때 우리는 시간상으로 앞이나 뒤로 움직인다는 것이다. 목적 있는 행동을 할 때 공간과 시간은 의식의 표면 위로 부상하고, 별다른 특징이 없던 그곳에 감정의 교류가 일어나 마침내 삶의 장소가 되고 위안이 되고 의미가 되기도 한다.

> 철없이 피는 백목련꽃
> 삐걱거리는 목조계단에 떨어져
> 울부짖음도 간절하게 목울대 잠그면
> 바스라지는 손목의 뼈들 석화조각 같다
> 뼈가 뼈를 불러주는 뱃길
> (…중략…)
> 그래요
> 이 봄이 다 가고 있잖아요
> 봄에 뛰어나온 왕오색나비
> 깁스 내 깁스 어루만져 줄 앙금의 시어
> 끼룩끼룩 울음 뱃길 따라 보내고
> 언제부터인가 몸속으로 들어와
> 꽃 지는 소리
> 아늑한 요람의 잠
> 흔들어 재우는군요
>
> ―〈귀현리에서〉 부분

〈귀현리에서〉에서 "뼈가 뼈를 불러주는 뱃길", "해풍에 비치는 구실 포도밭", "바람 부는 삼귀 해안선 바닷가", "멀리 통통배 소리", "목울대 등대", "폐선 선창"이란 단어들이 만들어 내는 공간은 한적한 바닷가이다. 그런데 이곳은 오래전 어떤 만남이 이루어졌던 장소이고 그녀의 과거와 미래가 함께 생성시킨 공간이고, 시를 탄생시킨 공간이다. 괭이갈매기 나는 공간의 의미를 찾아온 이곳에서 그녀는 선생님의 하모니카 선율을 들었다. 뜬구름이 만들어 내는 블랙박스 흔적을 찾아 나선 길에서 그녀는 시간과 공간의 교차점을 마주하고, 그곳에서 추억과 슬픔, 현재의 이미지가 다중적으로 펼쳐진다.

미셸 푸코는 《말과 사물》에서 "한 문화의 기본 코드, 하나의 문화에서 언어, 인식의 도식, 교환기술, 가치 체계, 실천의 위계 등을 지배하는 코드는 각자가 상대하게 되고 다시 처하게 되는 경험적 질서를 처음부터 결정한다"라고 하였다. 이러한 경험적 질서가 시인의 몸속에 그대로 체화되어 나타나는 사물이 거울이다. 거울이라는 이미지에 덧붙여 그것은 오동나무 거울인 것이다. 오동나무라는 고전적이고 아름다운 푸른 나무는 그녀의 몸속으로 옮아와 그녀 자신이 거울이 되어 사물을 비추고 있다.

> 오동나무라고 쓴 그대 이름 곁에서
> 어린잎들이 바람의 어깨를 짚는다
> 오동나무는 몇 살이나 되었을까

> 악기가 될 나이는 언제쯤일까
> 바위틈에서 자라 물의 흔적을 마시는
> 오동나무 곁에서 나 주인인 듯
> 오래 머물 생각의 의자를 놓아둔다
>
> —⟨오동나무 거울·1⟩ 부분

　시인은 '오래 머물 생각의 의자'를 오동나무의 곁에 두고 주인인 듯 앉아 있다. 오동나무는 혼인할 때 가져가는 반닫이나 미닫이 장을 만드는 재료이다. 그리고 이 장들은 여인의 손길을 받아 반질반질 윤이 나게 닦여져서 자신의 얼굴을 비출 수 있게 되는 소중한 물건이다. 그런데 이 시에서 그녀는 오동나무의 실질적 주인은 아니다. 그대라는 이는 오동나무의 이름이고 주인이다. 주인이 아닌 그녀가 그대 앞에서 주인처럼 살고 있는 것이리라. 그리고 그 앞에서 그녀의 생각은 오래 닦아 반질한 거울이 될 때까지 또 하나의 나무로 자란다. 이러한 겹겹이 쌓인 내면이 표출한 주된 이미지가 오동나무 거울로 상징화된 것이다. 잘 닦아 윤이 나는 오동나무 거울은 어렵고 힘든 현재를 걷어내어 보석처럼 찬란하고자 하는 영혼의 고갱이다.

　박숙희 시인의 시는 진화하는 중이다. 두 번째 시집 《오동나무 거울》은 다음 시집으로 나아가기 위한 노둣돌이 될 것이라 생각한다. 그녀가 가진 시적 잠재력은 오동나무가 천년의 시간을 그리워하듯 푸른 잎을 피워올릴 것이라 믿어 의심치 않는다. 이런 생각을 뒷받침하는 젊은 시가 〈고양이가 쥐를 잡는 이유〉이다. 시인의 시는 젊음의 향기를 품어내고 있다. 그녀의 손에서 피어날 푸른 시를 기다린다.

사랑을 하였더라

나는 타우린 성분을 채취하기 위해 고양이 발톱이 되는 정오를 기다린다 심장의 박동수 24K를 원하고 정오를 기다린다 3시가 되길 기다린다 빨랫줄에 걸어 두고 갈 만큼의 무게로 포기각서 말한다

오줌을 갈기는 소리 알 수 없는 바람이 불을 불러 모으고 기다린다와 말한다의 사이에 바람은 바위를 안고 세상을 잃어 가고 있다 그 속에서 자란 비밀은 24K로 변해 세상을 잃어 가고 있다 (…중략…)

나는 그런 사랑을 하였더라

―〈고양이가 쥐를 잡는 이유〉 부분

그리움과 삶의 길을 따라 흐르는 언어

《영혼의 아침》, 김계식

  꽃대궐을 이룬 눈부신 봄날, 꽃소식 한 자락을 전해 오듯 한 권의 시집이 도착하였다. 김계식 작가의 신작 시집 《영혼의 아침》이다. 그는 이 시집을 통해 자신 속에 있는 그리움과 삶의 지혜를 찾아내고 영혼의 동반자로 길을 떠난다.

  온 산야는
  뭇사람들에게 대궐 한 채씩을 안기고도
  넉넉하고 고운 꽃으로
  넘쳐났다
  눈 가득
  깊은 숨결 들이마셔
  예쁜 모습 향 그득 채우고

행여 새어나올까 꼭 여민 침묵

통째 꽃이 된 너를 바라보는

기쁨이면

더 바랄 것 없는 꽃 나들이 아니랴

―〈꽃 나들이〉

꽃 나들이 가는 사람들의 시선이 꽃으로 향하듯, 사람들의 마음에 고운 꽃으로 가득한 대궐을 발견하는 시인의 눈이 아름답다. 영혼에 향기를 입힌 것이 꽃이듯 좋은 사람이 꽃으로 표현된다. "통째로 꽃이 된 너"를 통해 누군가를 황홀한 기쁨으로 바라보면 그것이 '꽃 나들이'인 것이다. 꽃을 대하듯 세상의 모든 것을 대하는 시인의 싱그러운 젊은 마음은 곱고 아름다운 것을 찾아내는 지혜로 점철된 세월이 있기에 가능한 것이다.

막스 피카르트는 《인간과 말》에서 "언어는 인간을 그 자신 이상으로 끌어올린다. 우리는 말을 하면서 더 높은 차원으로 다른 말을 향해서 말하게 된다. 선험성은 마치 높고 밝은 구름처럼 인간의 언어 위에 있으면서 마치 구름이 그러듯 어디나 인간을 앞서간다."라고 하면서 언어의 선험'성에 대해 깊이 이야기한다. 그의 말에 따르면 언어 속에는 무엇인가 인식이 감지되고 있다고 보았다. 언어 속에는 시인이 이야기하는 언어와 말하지 않는 언어 이상의 것이 함께 느껴진다.

인간이란 결국 선험성에 의해 말해지는 존재라고 한다. 그로 인해 수많은 말들이 인간을 위해 대기 중이며 인간이 말하지 않을 때 선험성의 침묵 속에서 인간을 위해 준비되는 것이다. 김계식 시인의 시 속에 기본적 터전은 '그리움', '길'로 나타난다. 〈시를 쓰는 별과 별〉에서는 "나는 오늘도/ 태산준령을 넘고/ 거친 파도를 헤치고 있지만"을 통해 그리움으로 향해 가는 길이 때로는 태산준령을 넘고, 거친 파도를 헤치고 가야 하지만 결국 그 길로 나아간다.

    그냥 좋은 것
    물가에 가면 출렁이는 물비린내가 좋고
    산과 들에 가면 나무와 풀의 자람이 좋고
    바람 멈추는 것도 가는 것도
    그냥 좋은 만남

—〈환히 피는 꽃〉

  시인은 들과 산과 꽃으로 표현된 자연을 찾아가고 그 속에 그리움을 색칠하고 있다. 이것은 시인이 처음 언어를 만나기 전에 형성되어 내재되어 있던 기억들이 스스로 발현된 것이다. 그냥 좋은 것이 그냥 좋은 만남이 되고 있다. 그리움은 〈은근함의 뿌리〉에서 "빙그레 미소 짓는 입꼬리에/ 먼산바라기 하는 흐림 속에/ 속마음 묻어두고"라고 하여 은근하게 드러난다. 이런 시인의 모습에서 뜨거운 정열보다 은근하고 뭉근하며 조심스러운 마음이 엉거주춤 드러난다. 드러냄이 익숙하지 못한 세대여서인지 그의 핏속을 흐르는 겸손과 점잖음의 유전자가 그리움으로 점철되고 있다. 시인의 가슴에는 사랑이 움트고, 풀과 꽃이 환하게 핀 곳으로 그리움을 따라 가고 있다.

> 짧은 대화마저 접고
> 묵묵히 눈빛만 마주치는 건
> 좋아하는 것
> 그 눈빛마저 꾹 참고
> 상대의 가슴팍에 가서 죽고 싶은 건
> 사랑한다는 것
>
> ―〈어느 묵언〉

이 시 속에는 백목련의 모습을 하얀 묵언으로 치환시키며 그리움을 대화 이전의 마음을 담은 선험적 언어로 표현하고 있다. 대화를 통해 두 사람의 의도보다 더 많은 것을 상대에게 줄 수 있는 것처럼 묵언도 당사자의 의지를 넘어 그 이상의 언어로 표현될 수 있다.

바이더는 언어에 대해 "이 세계를 창조하고 그 살아 있는 말은 우리를 들어올린다. 우리의 심정에서 그리고 우리의 입에서"라고 하였다. 심계식의 시집 《영혼의 아침》을 통해 그의 생애를 나고 흐르던 언어들이 "그리움과 삶의 길을 따라 흐르는 언어"로 변환되어 봄꽃처럼 피어난다. 다시 오는 봄이 그의 핏속 숨어 있는 영혼을 불러내고 어둠을 밝혀 아침으로 인도한다. 그에게 시를 쓴다는 것은 그리움의 영혼을 깨우는 일이다.

오랜 침묵 그리고 짧은 여름

《짧은 여름》, 조재영

같이 공부하는 벗이 논문 자료가 필요하다고 하여 마산문학관을 방문하였다. 그날 비는 억수같이 쏟아지고 노비산 자락의 문학관은 물 냄새로 흥건하였다. 그곳에서 만난 학예사께서 자료를 챙겨 주시고 주섬주섬 한 권의 시집을 내어주셨다. 여름 끝자락에 받아 든 시집을 집에 도착하여 내리다 그치기를 거듭하는 빗소리를 들으며 읽었다. 베란다 옆으로 붉은 배롱나무는 가지 끝에 꽃차례를 달고 슬쩍 나를 쳐다보았다.

비에 젖은 문학관이 자꾸 생각나는 시집이다. 시의 길이가 짧고 산뜻하다. 문득 일본의 전통시 '하이쿠'가 생각났다. '5·7·5' 3행의 17자로만 구성돼 세상에서 가장 짧은 시라 불리는 하이쿠 몇 편을 개인적으로 좋아한다. 짧은 시가 가진 함축미와 선명한 이미지가 인상적이다.

조재영의 시집에는 짧은 단상들이 주로 표현되어 있다. 하지만 그는 시 행간에 수많은 이야기를 침묵으로 차곡차곡 쌓아둔 듯하다. 막스 피카르트는 침묵이란 그저 인간이 말하지 않음으로써 성립되는 것이 아니라 단순히 말의 표현 이상의 것이며, 단순히 자기 마음에 들면 스스로 옮아갈 수 있는 상태 이상의 것이라고 하였다. 그래서 말이 끝나는 곳에서 침묵이 시작된다. 그러나 말이 끝나기 때문에 침묵이 시작되는 것은 아니다. 그때 비로소 분명해진다는 것뿐이며 침묵 뒤에 무엇인가가 있는 것이라 하였다.

> 초록 감잎 아래 그려놓은
> 작은 집 하나
>
> —〈오월〉 부분

삶에 있어서 진짜 중요한 것은 설명이 필요 없다. 한 번의 눈빛, 따뜻한 악수, 한 송이 꽃, 멀리서 북소리가 들릴 때 우리는 가슴이 뛴다. 잊히지 않는 의미가 내 속에 각인된다. 이 시집 속에 오랜 침묵으로 묵혀신 그의 이야기를 꺼낼 때 빛 난어로 충분한 듯하나.

> 비가 오면
> 누군가의 우산 속으로
> 뛰어들고 싶습니다.
>
> —〈산〉 부분

후설은 "인간의 정신은 대상을 단순히 자기 눈앞에 보이는 대로 사실적으로만 받아들이는 것이 아니라, 그 정신의 운동을 통하여 대상을 초월해 간다."라고 하였다. 이 시집에서 시 속에 나타난 정신의 폭은 그의 삶의 넓이와 감응하고 있으며, 그 정신의 감응은 내면 속에서 오래 묵은 침묵을 지나 시로 발현되었다고 생각한다. 그의 정신의 폭은 자신의 바깥에 상응할 수 있는 자연물로 치환되어 나타난다. 산, 나무(버드나무, 감나무, 대나무, 밤나무, 산딸나무), 꽃(국화, 해바라기, 찔레꽃, 할미꽃, 연꽃), 강, 대숲, 바람, 비 이런 것들은 도회의 이야기가 아닌 그의 유년과 청년 시간을 지나온 침묵이 어느 날 영롱한 언어로 다시 모인 것이 아닐까?

　　퐁당
　　꽃이 떨어졌다
　　고요한 아침이었다

　　　　　　　　　　　　　　　　—〈청명〉 전문

공간화된 기억의 투영

《시간 속에 박물관 하나 그려 놓았다》, 박숙희

노오란 은행잎이 바람에 우수수 날리는 날이었습니다. 서원곡 계곡 앞에 쌓인 수북한 은행잎을 지나 오랜 세월이 묻어나는 산장에서 독서 모임이 있는 날이었습니다. 관음보살의 눈매를 닮아 선하게 보이는 분이 수줍게 내민 한 권의 시집, 그래서 그녀의 글에서는 노랑으로 색칠한 은행나무가 계속 생각납니다.

후설Husserl, Edmund은 "지각은 지각하는 자와 지각되는 것, 그 양자의 관계"라고 하였습니다. 화강암, 대리석 등 수많은 상징을 매개로 우리는 공간과 의식적으로나 무의식적으로 소통하고 인식하여 왔습니다. 그래서 일상에서 우리가 기억이라고 부르는 것은 공간화한 기억입니다. 시인 박숙희는 시집《시간 속에 박물관 하나 그려 놓았다》에서 공간 속에 드러나는 기억을 소환하여 그것을 시 속에서 펼치고 응시하고 보듬었다가 다시 자신의 향기를 묻혀서 돌려보내고 있습니다. 그래서 그녀의 시 속 공간에서는 그녀의 향기가 묻어납니다. 박물관에서는 싸아한 박하향이, 표충사 계곡에서는 시원한 허브향으로 되살아납니다.

> 박물관 불빛에 잠자는 그림자들 바람을 손에 쥔 채
> 동수원 사거리의 해탈을 업고 홀연히 돌아간다
> 어디,
> 겹겹이 매물도를 껴입고 무엇을 위해
> 십자가의 길 속으로 가고 있는가
> 무엇을 위해 베갯모에 두었던 사랑 가지고 왔는지
> 손톱빛 달무리는 또 얼마나 창백해질 것인지
> 진회색 문풍지 호리는 바람자리 접고
> 달빛 무릎 이슬에 적실 때 처녀성 사랑일까
> 초승달,
> 흑백사진 속에도
> 어느덧 매화향 꽃이 핀다.
>
> ―〈시간 속에 박물관 하나 그려 놓았다〉 전문

동수원 사거리 박물관 불빛 속에서 그녀는 매물도의 기억을 소환합니다. 베갯모 속에 숨겨두었던 어설프고 안타까운 첫사랑이 흑백으로 물든 사진 속에서도 매화향 꽃으로 피어났습니다. 겨울 속에 첫 향기를 풍기는 매화처럼 초승달을 휘감는 달무리의 아련한 추억이 첫새벽이면 슬프고 아름답게 피어납니다.

    시인의 사랑은 향기롭고 아름답고 슬픕니다. "잠시 머물다 갈 사랑이라서/ 먼 뿌리에서 온 그대가 아닐거야/ 너무 깊고 먼 뿌리에서 온 그대가 아닐거야" 신의 말씀을 기다리며 사랑을 찾아보지만, 허무가 일상이 되어서 떠도는 사람에게 그대는 너무 먼 곳에서 휘돌아 흐르는 바람이고, 깊은 뿌리여서 나에게 닿는 시간은 짧기만 하고 이별은 깁니다.

> 계곡의 물소리가 만드는 어둠이 저녁 바람의 흔적이다.
> 내 청춘을 자랑했던
> 푸른 눈을 가진 숲은
> 해그림자를 안고 저녁을 사랑하려 한다.
> 물소리가 내 곁에 와 있는 시간
> 멀리서 온 편지의 그늘이 내 곁에 와 있는 시간
> 개울가의 물 흐르는 소리
> 찬불가 소리에 탑이 꿈꾸는 소리
> 나를 씻겨내는 소리
> 하루가 가고 또 하루가 가는 소리
> 물에 씻기는 기억
> (…중략…)
> 가벼운 울음에도

> 어둠이 내리는 표충사 계곡
> 울음으로 물소리 흉내를 내어보면
> 어느새 아이의 발바닥에 비치는 빛으로 태어난다
> 빛은 흐르는 물살 위에서 산란을 하고 있다
>
> ―〈여행 수첩〉부분

　바슐라르Gaston Bachelard는 《공간의 시학》에서 "기억을 생생하게 하는 것은 시간이 아니라 공간이다. (…중략…) 우리들이 오랜 머무름에 의해 구체화된 지속의 아름다운 화석들을 발견하는 것은, 공간에 의해서, 공간 가운데서이다."라고 하였습니다. 이처럼 "계곡의 물소리가 만드는 어둠이 저녁 바람의 흔적"이며 시간의 지층, 켜켜이 쌓인 표충사 계곡은 산란하는 빛으로 다시 태어납니다. 기억의 공간은 빛과 어둠, 참회와 설움이 중첩되어 의식과 무의식이 관통하는 모습으로 나타납니다.

> 봄, 여름의 푸른 눈
> 늦가을의 갈색 눈
> 겨울의 앙상함을 눈부시게 하는
> 눈동자의 빛을 닮은 파란 세월의 눈으로
> 사랑하며 살아간다
> 그는 메타세쿼이아나무가 되어 간다
> 비바람을 불렀다
> 태풍에 마음 다칠 줄 몰랐다

나뭇가지가 바람에 불쑥 온몸을 드러내었다

아 아파요 말하기도 전에

부러져 뒹군다

나를 바라본다

슬며시 눈을 돌린다

그래 그곳은 너의 쉼터가 아니었어

—〈가을 수첩〉 부분

푸른 메타세쿼이아 나무의 찬란함은 젊음 그 자체입니다. 그러나 푸른 눈의 서늘하고 밝은 기억이 가을로 오는 길목에서 갈색으로 변한 처연한 모습에 가슴이 털컥 내려앉은 순일한 시인의 마음이 그대로 느껴집니다. 막스 피카르트에 의하면 가을이란 '마치 침묵이 새로 한번 숨을 쉬고 난 뒤인 듯 가을이 온다'라고 하여 시간에 침묵이 스며들어 있는 것이라 하였습니다. 시인이 그린 가을 수첩에도 시간과 시간 사이에 느껴지는 침묵의 언어가 숨어 있습니다. 나무가 침묵을 시작하는 순간의 가을을 수첩 속에 옮겨 적으며 시간이 그려내는 모든 나무의 기억이 공간화되어 그녀에게로 향하고 있습니다.

그녀의 시 속에서 수많은 공간이 물고기 비늘이 되어 기억으로 소환되고, 바람이 되어 계속 날아, 나무의 향기로 거리를 떠돕니다. 기억의 공간 속에 민들레 홀씨처럼 떠도는 씨앗은 바람을 타고 한 줌의 흙을 만나 시가 되고, 언어가 되어 시집 속에 오롯이 내려

앉아 피어납니다. 특히, 시인의 시는 읽을 때 더 따뜻하고 향기롭게 다가섭니다. 시는 본래 음악이었습니다. 시의 본령인 음악이 될 수 있는 시는 읽기의 즐거움을 배가시킵니다. 은행나무 이파리가 바람에 날리듯 기분 좋은 시집입니다. 그녀의 시 속에서 가을이 저만치 가고 있습니다.

카메라가 포착하는
삶의 편린片鱗과 시대의 풍경

───────

《학여울 풍경》, 이용철

　이용철 시인의 두 번째 시집《학여울 풍경》. 푸른 잉크가 번지는 만년필로 서명하는 모습에는 삶의 연륜이 묻어나고 있었습니다. 저는 그의 시집을 받아 들고 첫 만남을 생각하였습니다. 오래전, 소년 같은 시인은 막걸릿집에 혼자 앉아 카메라를 만지며 긴 침묵에 싸여 있었습니다. 그날 경주는 추웠고, 작가 모임이 끝나고 겨울 서라벌의 밤이 아쉬운 저와 벗은 숙소 가까운 보문호로 처용가를 부르며 산책하였습니다. 찬 바람에도 천년 고도의 향기를 품어 행복하기만 하여, 막걸리나 한잔하자며 들어선 곳에는 모임에서 인사를 나눈 시인이 앉아 파전을 펼치고 막걸리를 붓고 있었습니다. 그렇게 바람 같은 문우 한 명을 만났습니다.

오랜 시간, 시인의 시가 더 여물어가고 열매를 맺고 다시 새로운 항해를 시작하는 것을 지켜보았습니다. 그의 카메라가 포착하는 삶의 편린片鱗과 시대의 풍경이 보여주는 따뜻한 마음들이 SNS를 타고 흘러들곤 하였습니다. 가족을 지키는 외로운 늑대이며, 문안 인사를 드리러 새벽이슬에 옷자락을 적시는 아들이며, 아직도 청년 장교의 마음으로 검을 사랑하는 바람 같은 영혼입니다.

강에 비추어진 설산의 얼굴이 제게 온 시집의 첫 모습입니다. 산비탈에 내린 눈을 겨울 칼바람이 길을 내어 주름을 만들었고, 그 주름은 어딘가를 향해 포효하는 젊은 호랑이로 그림을 완성하고 있습니다. 표지의 의미를 생각하며 시집을 펼쳤습니다.

> 창 너머로 강이 훌쩍거리며
> 해를 품고 남쪽으로 길을 나설 때
> 운동장은 눈(雪)을 덮고 모로 누웠어.
> 새끼 고라니가 어미 뒤를 종종
> 교실은 아이들이 두고 간
> 물통 속 이야기를 비우지 못했지
> (…중략…)
> 교실에서 보이지 않는 강은
> 아이들 이름을 하나씩 부르고 있었지.
>
> ―〈강이 보이는 교실〉 부분

강마을에서 보내는 독서 편지

시인의 마음속에는 아직도 어린 제자들의 눈빛이 따라다니고 있습니다. 학교를 떠나와도 그는 출석부에 적힌 이름을 부르는 교사의 마음 자락이 비워지지 않았고, 교실에 두고 간 물통 속 이야기가 강으로 치환되어 그의 꿈속으로 흐르고 있습니다. 그 강가에서 청년 교사를 연모하였던 소녀들의 목소리가 환청처럼 들립니다. 저도 함께 미소 짓고 있습니다.

> 핏줄 인연을 만났습니다.
> 영원한 것이 없음을 알지만
> 시대의 전쟁터에서 칼과 창으로 싸웠다가
> 바람에 흩어져 흙으로 돌아갑니다.
> 봄날 학여울로 오소서.
>
> —〈학여울로 오소서〉 전문

뭉크의 절규를 연상시키는 나뭇잎 한 장, 그 아래 짧은 시 한 편이 마음을 대신합니다. 푸른 잎은 광합성을 하면서 오직 나무의 성장과 열매를 키우기 위해 살았을 것입니다. 시대의 전쟁터에서 장렬하게 산화하여 흙으로 돌아가는 그 순간, 새봄의 시작일 것입니다.

> 시인詩人이란
> 금강송 숲에서 고독을 견디다
> 스스로 몸을 태워 거둔

언어의 사리舍利로

사막을 건너가는 보병步兵이다

　　　　　　　　　—〈시인은 보병이다〉 전문

    시는 언어의 가장 순수한 고갱이입니다. 인간을 위대하게 만드는 것은 시를 통해 이 시대를 관통하는 메시지를 전달할 수 있기 때문일 것입니다. 그래서 저는 늘 시인이 존경스럽습니다. 언어를 태우고 또 태워 그 속에 남은 에센스가 시가 아닐까요. 뜨거운 사막에서 낙타의 등에 동방의 향료와 비단을 나르는 카라반도 멋있지만, 두 발로 홀로 사막을 나서는 사람은 더 아름답습니다. 언어의 육신을 태워 얻은 사리로 사막은 건너가는 보병을 우리는 시인이라 부릅니다.

    트럭에 실려 가는 소의 젖은 눈과 마주치는 순간 시를 써야겠다고 결심했던 시인의 시가 다시금 아버님을 그리는 절절한 사부곡이 되어 저를 울립니다. 구순의 아버님과 노래방에 가서 나그네 설움을 부르는 모습이 아름답습니다. 여름의 끝자락에 만난 이용철 시인의 시집 《학여울 풍경》을 읽으며, 저도 새로운 계절을 준비합니다. 바람결에 가을 냄새가 날 것 같습니다.

기강에서

망우당*께 보내는 편지·1

　강가의 아침은 안개가 주인입니다. 물 알갱이들이 부서지는 햇살에 재깔거리며 이리저리 웃음을 흘리고 장난질을 합니다. 이슬을 털면서 걷는 길에는 비릿하고 무성한 밤꽃 내음이 어깨에 내려앉습니다. 길섶에는 희고 노란 인동꽃이 피어 청량한 향기를 뿜어내고 노랑붓꽃이 싱그럽게 웃어 줍니다.
　샛강이 몸을 비틀고 있는 기강나루엔 개망초가 피었습니다. 그 옆으로 버려진 준설선이 붉은 옷을 입고 힘겹게 주인 잃은 나루를 지키고 있습니다. 멀리 남지철교가 물안개로 희미한 강 위로 두둥실 펼쳐져 있고 그 아래 도도히 흐르는 낙동강이 보입니다. 그 강과 몸을 섞는 남강의 유려한 몸짓이 경이롭습니다. 저는 이 아름다운 강들의 섬세한 합방을 손에 땀을 쥐고 바라보았습니다. 경계를 허물어 새로운 세계를 향한 원초적 본능이 숨 쉬고 있는 현장입니다. 그 강가에서 당신을 그리워합니다.

　망우당, 당신께 강은 어떤 존재였나요? 두려움에 떨고 있는 경상우도의 백성을 지킬 수 있는 힘이었나요? 청운의 뜻을 품고 출사하여 제이第二로 합격하였지만, 답안의 내용이 기휘忌諱하다 하여 파방罷榜을 당한 울분을 토로한 곳이었나요? 저 역시 당신을 따라 이 강가에서 무엇을 찾아 헤매고 있습니다.

　음력 사월 스무 이튿날, 새벽을 달려 이 강가를 찾은 이유를 당신은 아시겠지요. 기강, 거름강 혹은 기음강이라 부르는 이곳에 섰습니다. 임진년 사월 열사흘 날 달빛이 바닷길을 열어 손에 닿을 듯 가까운 부산포를 향해 왜선 수백 척은 대마도를 떠났을 것입니다. 굶주린 승냥이보다 더 포악하게 이 땅을 향해 달려들었고 물어뜯었습니다. 무방비로 부산포가 무너짐을 피난 온 보부상에게 들었던 날 하늘에는 보름달이 기울고 있었겠지요. 야인으로 살고자 하였던 당신의 손에 든 낚싯대는 미세하게 흔들렸을 것입니다. 이 땅을 침입한 왜의 무력과 분탕질로부터 내 고장의 순박하고 아름다운 백성을 지키고자 다짐하고 일어섰을 때 밤새 앉았던 그 바위 위로 까치가 울었겠지요. 희멀건 안개로 머리를 푼 강이 당신께 다가설 때, 축축한 옷자락을 여미고 천지신명께 절하여 고하였을 것입니다. 태부고개를 넘어 세간마을 앞 느티나무에 북을 걸고 의병을 모집하였습니다. 이 땅의 서슬 퍼런 기상이 살아 있음이 경상우도 의령 땅에서 처음으로 뻗어 나갔을 것입니다. 그 빛을 따라 전라도와 경상좌도를 거쳐 전국에서 의병이 일어나고 울부짖던 백성들의 가슴에도 뜨거운 것이 뭉클 흘렀습니다.

당신께서는 기강 갈대밭에서 비릿한 물내와 더불어 그들의 기척을 들었을 것입니다. 그들은 강하고 무섭고 빠르고 잔인하다는 풍문이 들려올 즈음, 순찰사 김수가 왜적이 몰려온다는 소식에 감영을 버리고 먼저 도망을 갔다는 억장 무너지는 소식을 접하셨습니다. 칼을 뽑아 그를 처단하려 하였을 당신의 마음을 생각합니다. 하지만 더 중요한 것은 이 땅을 지키는 것이기에 낙동강을 따라 오르는 왜선을 기다리며 겨우 십여 명의 장졸들과 듬실마을 뒷산에 소나무를 베었습니다. 목장木杖**을 강심江心에 박아 병참선의 진로를 막기 위한 전략이었지요. 낙동강을 따라 대구를 거쳐 안동과 문경으로 가는 수로와 남강을 타고 올라가 진주를 거쳐 전라도로 향하는 보급로를 차단하고자 하였습니다. 드디어 목장에 걸린 왜선 두 척을 향해 돌과 불덩이를 던지는 아득하고 긴 시간의 싸움이었습니다. 두려움에 떠는 장정들을 격려하며 움직이지 못하는 배를 향해 밤이면 싸우고 낮이면 숨는 유격전을 하였습니다. 임진란 5월 초순, 기강의 첫 전승 소식은 빛보다 빠르게 이 마을과 저 마을로 날아갔습니다. 그때 쑥숙저럼 핀 씰레꽃이 둔시 언덕에 지천이었고 모심기가 끝난 듬실 들에는 어린모들이 꼿꼿하게 머리를 들고 뿌리를 내리기 시작하였습니다. 임진년 경상우도 의령, 산음***, 초세, 삼가, 창녕에 비로소 논으로 가는 흰옷 입는 농군이 보였습니다.

왜선을 향해 붉은 옷자락을 휘날리며 핏빛 첫 전투를 시작하던 그 강에 중학생 또래의 아이들이 낚시하고 있습니다. 머룻빛 눈동자가 초롱하고 햇볕에 그을린 얼굴로 웃으며 당신의 흔적을 찾아 헤매는 저에게 장군님의 낚시터인 바위를 알려 줍니다. 당신께서 파방 후 강호에 은둔하였던 곳이 둔지 강사로 문헌에는 기록되어 있지만 기강의 어디쯤인지 찾지 못하였습니다. 당신의 기상을 이어받은 소년의 입에서 흘러나오니 진실의 조각은 반드시 숨겨져 있음을 생각합니다. 아이의 할아버지의 할아버지의 할아버지는 기강 언덕에서 왜선을 향해 선 당신 곁에서 핏발 선 눈으로 그들을 노려보았을 것입니다. 이 땅을 지키던 그분들의 붉은 혼은 강처럼 흘러서 우리 곁을 맴돌고 우리를 깨우치고 다시 일어서게 할 것이란 생각을 하게 합니다.

　당신께서 낚시로 소일하시던 강가에는 평화에 익숙한 소년들의 웃음소리가 꽃처럼 피어나고 그 옆으로 강둑이 길게 하품을 합니다. 잔잔히 부서지는 물결 위로 멀고 가까운 곳의 새들이 번갈아 노래하는 초여름 아침입니다. 먼 곳에서 무탈하시기를 기원합니다.

＊망우당忘憂堂 곽재우郭再祐는 임진왜란 당시 의병장으로 전쟁 초기 낙동강 요충지를 방어함으로써 패퇴敗退 일변도로 치닫던 전세를 반전시키는 데 크게 기여했다.
＊＊목장木杖: 나무 말뚝.
＊＊＊산음: 산청.

강마을에서 보내는 독서 편지

정암나루

망우당께 보내는 편지·2

　오늘은 당신께서 임진란의 도가니 속에서 왜군의 전라도 진입을 막아 경상우도를 지켜내는 데 큰 자리매김을 한 전투가 있었던 정암나루로 가려 합니다. 6월의 초순이었습니다. 그날 그곳으로 시간을 거슬러 당신을 만나러 갑니다.

　남해고속도로에서 군북 IC를 통과하여 색 고운 새털 모양의 향 짙은 자귀나무꽃이 핀 길을 잠시 달리면 전통 한옥 모양의 늠름한 의령 관문을 만납니다. 진주에서 흘러온 남강 위로 현대식 다리와 오래된 철교가 함께 있어 묘한 조화를 이룹니다. 지는 멋진 관문보다 붉은 옷을 입고 흰 백마를 탄 당신의 모습이 먼저 보였습니다.

관문 옆으로 성벽이 있고 언덕에 정암루가 강을 굽어보고 있습니다. 당신의 눈길을 따라 정암루에 올라 늙은 바위를 휘감고 흐르는 젊은 강을 보았습니다. 저곳은 임진란 가장 뜨겁고 강한 의병들의 싸움터가 있었던 정암나루입니다.

정암진 전투는 왜의 수군이 이순신이 이끄는 수군에게 옥포 등에서 대패하자 공격로를 변경하여 전라로 가기 위해 5월 하순경에 함안군에 집결하였다고 합니다. 그들의 수장은 고바야카와 다카카게〔小早川隆景〕의 심복인 안코쿠지 에케이〔安國寺惠瓊〕의 부대였습니다. 수적으로 불리한 상황에서도 당신은 왜가 강을 건너기 위해 미리 마른 땅 얕은 곳에 세워 둔 기를 뽑아 진창과 깊은 곳으로 유인하여 복병으로 공격하였다고 《망우당집》에 기록되어 있었습니다. 붉은 철릭을 입은 당신의 모습은 참으로 신출귀몰神出鬼沒하였습니다. 이 전투는 왜가 전라도로 가는 길목을 지키고 그들의 보급로를 차단하여 임진란 전투에서 최고로 평가받습니다. 남강은 도도히 흐르고 그 위에 우뚝 선 정암을 바라보니 그날의 함성이 들리는 듯합니다.

당신의 모습과 행동에는 남명 조식 선생의 마음이 함께하는 것처럼 느껴집니다. 남명 선생께서 손수 고른 외손서이자 아끼던 제자로 스물한 살이 될 때까지 가르침을 받았습니다. 당시 도덕적 수양을 중시하는 성리학 체계 내에서 의義의 입지는 경敬에 비해 축소되었지만, 남명 선생께서는 경과 의를 동시에 중요시하셨습니다. 남명의 문시는 "경을 함양하고 의로써 단제斷制하셨다"라고 한 데서 알 수 있습니다. 남명은 마음 안에서는 경으로써 존양存養하고 밖에서는 의로써 성찰省察하여 사욕私慾을 제거하는 성리학의 수양론을 제시하는 가운데 의義의 의미를 규정하셨습니다. 결국 성리학에서의 격물치지格物致知는 단순한 지식 습득의 과정이 아니라 실천을 전제로 한 의리 규명의 작업으로서 실천성을 내포하고 있는 것이라 할 수 있습니다. 올바른 일을 처리해야 한다는 실천성을 중시한 남명 선생의 제자들은 임진란이 발발하자 의병장으로 활약하게 됩니다.

저는 오늘 당신께 당시 조선의 성리학의 문제점을 이야기하고자 합니다. 조선 건국의 중심이었던 성리학은 초심을 잃어 일반 백성이 일용할 수 있는 학문이 되지 못하고 소수 지식인에 의한 지식의 독점, 그 지식의 독점으로 인해 민심이 이탈하였습니다. 엘리트 계급은 국제관계나 이웃 나라의 정세변동을 파악하는 데 소홀하였고 국가적 위기에 대해 심각하게 인식하지 못하였습니다. 오히려 재야의 학자 남명 선생은 현실을 바탕으로 유교적 눈을 통해 조선의 길을 찾으려 하였습니다. 그런 남명 선생의 현실 인식이 당신을 통해 드러나는 것입니다.

당신께서는 벗과 이웃이 사는 이 땅을 유린하는 왜적의 분탕질을 용서할 수 없었겠지요. 바른 삶을 살기 위해 아는 것을 실천하는 올곧은 지식인의 모습을 보여주는 당신이 저는 존경스럽습니다.

저 역시 학문의 길에 마음을 둔 사람으로 앎과 삶의 일치가 얼마나 어려운지를 깊이 느끼고 있습니다. 당시 조선은 공자와 맹자가 주창한 백성이 하늘인 나라가 아니라 국가권력과 학문이 백성을 지배하고 사대부만 행복한 나라를 만드는 것이었기에 백성들은 나라를 버린 임금을 향해 돌팔매질한 것이 아닐까요? 이런 시기에 전 재산을 의병을 봉기하는 데 사용하였던 당신을 생각하면 깊은 존경의 마음을 금할 수 없습니다. 아는 것을 행하는 당신과 같은 사람이 이 시대가 바라는 진정한 리더의 모습입니다.

얼마 전 우리 역사의 슬픈 장면을 보았습니다. 우리 손으로 뽑았던 대통령이 촛불 민심에 쫓겨 스스로 지도자의 자리에서 내려왔으며 측근들은 자신만을 위해 힘을 휘둘렀습니다. 이들이 연약하고 힘없는 사람들 위에 군림하는 모습은 임란이 터지자 백성을 외면하고 도망간 사대부들과 과연 다른 점이 있을까요? 당신이 이 시대에 계신다면 준엄한 호통을 치실 것입니다. 그 호통 소리가 그립습니다.

당신의 붉은 옷자락이 보이는 정암나루에 섰습니다. 강가에는 도라지꽃이 여름 화단을 장식하고 있습니다. 그 아래 작은 꽃잎 한 장이 떨어져 있습니다. 손으로 주우려니 팔랑 흰나비가 되어 날아갑니다. 당신께서 보내신 답장 한 장을 받았다고 생각하고 이 글을 맺습니다. 먼 곳에서 늘 건강하십시오.

귀강정 歸江亭

망우당께 보내는 편지·3

여름 볕이 뜨거운 날입니다. 당신께서 만년에 은거하셨던 창녕군 도천면 우강리 망우정忘憂亭에 와 있습니다. 배롱나무 붉은 꽃이 언덕을 오르는 자락마다 피었고 자강불식自强不息의 기운이 넘치는 무궁화꽃이 몇 그루 씩씩하고 멋진 자태로 저를 반깁니다. 망우정 언덕에는 당신의 오랜 벗이었을 몇 그루의 고목이 짙은 그늘을 드리웁니다. 그 그늘에 앉아 도도히 흐르는 낙동강을 바라보았습니다. 당신께서 왜 이 외진 강가로 와서 계셨을까 생각해 보았습니다.

김덕령 장군의 죽음을 보면서 이전투구泥田鬪狗의 조정을 향한 출사에 회의를 느낀 것은 아니있을까 하고 어리식은 후인은 당신의 마음결을 더듬어 봅니다. 임진란의 뜨거운 현장에서 전라도를 지킨 의병장 김덕령은 참으로 허망하게 갔습니다. 이몽학의 반란을 일으킨 배후로 종사관 신경행이 당신과 김덕령 장군 등을 지목하였을 때 당신 또한 죽음의 그림자를 보았을 것입니다. 임금은 당신이 아닌 김덕령을 죽음으로 내몰았습니다. 옥고를 치르고 풀려났지만 당신의 마음에 깊은 상처로 남았을 것입니다.

   삶과 죽음이 함께 발을 딛고 서 있던 전장보다 더 무서운 것은 사람의 숲이었습니다. 용맹을 담보로 백성을 지킨 대가가 참담하게도 의병장의 목숨이었던 시대였습니다. 무능한 왕과 권력에 눈먼 자들이 지키는 이 사직을 떠나고 싶었을 것이라 저는 생각합니다. 당신께서 사직서를 올리고 오던 그 길에 하현달이 떠 있지 않았을까요. 자정 무렵에 나타나 세상을 비추는 이지러진 달을 보며 조선의 운명을 예감한 것일까요. 슬픈 반달이 뜬 밤, 말을 타고 오던 강가에 들국화 곱게 피어 당신을 반겼으리라 믿습니다. 이런 당신의 마음을 표현한 시를 읽습니다.

귀강정歸江亭(강정으로 돌아오다)

곽재우廓再祐

誤落塵埃中	혼탁한 세상을 살다 보니
三千垂白髮	수많은 흰 머리카락만 드리워졌네
秋風野菊香	가을바람에 들국화 향기 그윽하여
策馬歸江月	달밤에 말을 달려 강정으로 돌아왔다

당신은 인생에서 무엇을 위하여 불원천리不遠千里 험로와 거친 바람을 헤치고 길을 찾아 헤매셨나요? 얻고자 하는 것이 무엇이었나요? 없는 길을 내어서라도 앞으로 나아가셨던 것은 풍전등화의 임란 속에 오직 내 나라 백성들을 지키고자 그리하셨을 것이라 저는 믿습니다. 당신의 그 간절함을 다시 생각합니다.

망우정 툇마루에 앉아 당신의 삶을 떠올리며 낙동강을 보기 위해 언덕을 올랐습니다. 강은 피곤한 표정으로 가까운 도시의 오염과 칠서공단의 매연을 마시며 바다를 향한 걸음을 재촉합니다. 아, 몇 걸음 가지 않아 함안보에 막혀 짙은 초록의 녹조를 뒤집어쓰고 누워 있습니다. 한여름, 학질이라도 앓는 듯 숨소리조차 힘겨운 강의 얼굴이 펼쳐집니다. 당신이 말년을 지냈던 그곳으로 떠난 제 여정에 만난 강은 아픕니다. 이것으로 당신께 보내는 마지막 편지를 맺습니다. 부디 저 강 너머에 계시지만 이 땅에 사는 후손들의 삶에 힘을 실어 주십시오. 당신께서 보내시는 기운에 힘입어 젊은이들의 어깨가 가벼워지기를 기원합니다.

아모르파티 Amorfati

《차라투스트라는 이렇게 말했다》, 프리드리히 니체

강마을의 겨울은 강철처럼 차고 깨끗하고 맑습니다. 벌판을 지나온 된바람 한 자락이 제 옆을 스쳐 강으로 흐릅니다. 저는 이렇게 차고 맑은 겨울이 좋습니다. 화단을 보니 지난 계절에 무성했던 풀들이 말라 있습니다. 마른 풀 아래 검은 흙 속에는 겨울을 땅속에서 보내는 벌레들이 숨을 죽이며 동면에 들어 있을 것입니다. 가물가물 쏟아지는 잠 속에서 죽은 듯 보이나 죽지 않은 상태로 가을과 봄 사이에 있는 한 계절을 보낼 것입니다. 그들은 삶과 죽음의 경계를 견디며 쏟아지는 봄 햇살을 기다리고 있을 것입니다.

우리의 삶도 역시 그들과 마찬가지로 하루하루를 견디는 것이 아닐까요? 젊은이에게 더 힘든 시절입니다. 지난해 회자인구膾炙人口한 '금수저, 은수저', '헬조선' 등의 단어에서도 짐작하듯 부모의 능력에 의해 계층이 고착화되어 가고 있음을 알 수 있습니다. 개천에

강마을에서 보내는 독서 편지

서 용이 나기 어려운 시대는 젊은이에게 불행한 시대입니다. 우리의 젊은이는 부모가 물려준 수저로 밥을 먹는 것이 아니라, 자기 능력으로 새로운 경계의 문을 열어나가 창의적으로 인생을 디자인할 수 있어야 합니다. 그렇지 못할 경우 이 시대의 젊은이들은 동면한 벌레처럼 삶과 죽음 사이에서 죽은 듯 죽지 않은 상태로 살아갈 것입니다.

겨울처럼 얼어붙은 취업시장과 살아나지 않는 경제지표 등으로 힘든 현실을 생각하며 답답한 마음으로 니체의 글을 읽었습니다. 니체는 《차라투스트라는 이렇게 말했다》에서 우리의 삶이 어떻든지 간에 "아모르파티amorfati*", "너의 운명을 사랑하라", "나는 춤출 수 있는 신만을 믿는다. 춤추기 위해서는 몸은 가벼워야 한다"라고 하였습니다.

삶을 춤추듯 살기 위해서 과연 무엇을 해야 할까요? 춤은 중력을 거역하는 행위입니다. 지구를 둘러싼 중력은 언제나 우리에게 영향을 미치고 있습니다. 한 걸음을 걸을 때마다 우리를 누르는 중력을 극복해야 위로 몸은 뛰어오를 수 있습니다.

삶에 있어서 중력은 무엇일까요? 굳어 버린 관습, 편견, 자기를 믿지 못하는 마음 같은 것이 아닐까요? 나는 할 수 없다고 생각하는 것도 중력일 것입니다. 그저 주어진 대로 사는 것이 아니라 새롭게 내 인생을 창조하기 위해서는 자기 몸을 있는 그대로 받아들이고 가볍게 뛰어올라야 합니다. 새로운 시대를 살아갈 준비를 해야 할 것입니다.

춤추기 위해서는 몸을 먼저 움직여야 하듯이 목표를 향해 머리가 아닌 몸을 먼저 움직여 보십시오. 자기 몸을 인정할 수 있으면 자기 속의 자아를 찾고, 이것이 바로 세상과 교감하는 것입니다. 말로 하는 것이 아니라 실천하는 것입니다. 세상을 향해 나아갈 때 필요한 것은 자신을 사랑하고 실천하는 것이 아닐까요. 아모르파티, 삶 자체를 하나의 예술로 만들어야 할 것입니다. 니체는 신이 죽은 시대에도 새로운 세계를 창조하고 자신의 영혼을 찾으라고 말합니다.

백승영 교수는 "있는 것은 아무것도 버릴 것이 없으며, 없어도 좋은 것이란 없다"고 말한 니체의 핵심 키워드를 통해 니체의 사상을 '디오니소스적 긍정 철학'이라 말합니다.

철학에서 탈근대적 전환을 가져온 니체는 인간을 변화시키는 것은 인간 자신의 의지가 힘에 의해 수행하는 장소로 위버멘시 Übermensch, overman**적 삶을 살아갈 수 있을 정도로 건강해야 자신을 긍정하고 세계에 대해 긍정이 일어난다고 말합니다. 자신의 삶, 매 순간 모든 계기를 자기가 구상할 수 있어야 하는 것입니다.

찬 바람 몰아치는 들판에 홀로 선 젊은이에게 어떤 말을 할 수 있을까요? 어떤 일을 시작하든지 그 일을 10년만 견디어 보라고 말하고 싶습니다. 궁하면 통하는 것이 세상의 이치입니다. 새로운 것을 만드는 것이 아니라 궁하기 때문에 그 궁기를 면하고자 견디어 낸다면 진정한 자아가 눈을 뜰 것입니다. 신께서 문을 닫아 버릴 때는 반드시 새로운 길을 열어 준다고 합니다. 투덜거리지 말고 뚜벅뚜벅 걸어서 나를 누르는 중력을 극복하기 위해 몸으로 실천할 필요가 있습니다. 건강한 몸으로 내 속에 있는 의지를 불러보십시오. 그러면 인생의 길섶마다 숨겨진 행운이 손을 내밀 것입니다.

이 말은 어쩌면 청년이 아닌 저에게 하는 말일 수도 있습니다. 편안함 속에서 안주하려는 자신을 보았습니다. 물처럼 절벽을 만나면 절벽에서 뛰어내리고, 바위를 만나면 바위를 지나고 막히면 돌아가는 용기와 지혜를 배우고 싶습니다. 물처럼 모든 사람이 가장 싫어하는 낮은 곳으로 흐르고 싶습니다. 명예에 욕심내는 것이 아니라 교사로 첫걸음을 걸어 아이들의 교실로 들어설 때의 그 마음으로 돌아가 최선을 다하고자 합니다. 물은 낮게 낮게 흘러야 바다와 만날 수 있습니다.

강마을의 바람은 여전히 매섭습니다. 강가에는 은사시나무들이 차가운 바람을 온몸으로 견디며 봄을 기다립니다. 그 옆에서 나직하게 주문을 외워 봅니다. '아모르파티', 너의 운명을 사랑하라.

* 아모르파티Amorfati: 독일의 철학자 F. W. 니체(1844~1900)의 운명관運命觀을 나타내는 용어. 운명애運命愛라고 번역된다. 그에 의하면, 운명은 필연적인 것으로 인간에게 닥쳐오지만 이에 묵묵히 따르는 것만으로는 창조성이 없고, 오히려 이 운명의 필연성을 긍정하고 자기의 것으로 받아들여 사랑할 수 있을 때 비로소 인간 본래의 창조성을 발휘할 수 있다고 한다.(출처: 두산백과, '아모르파티')

** 위버멘시Übermensch, overman: 항상 자기 자신을 극복하는 신체적 존재이며, 인간 자신과 세계를 긍정할 수 있는 존재이자 지상에 의미를 부여하고 그 의미를 완성시키는 주인의 역할을 하는 존재다. 니체는 《차라투스트라는 이렇게 말했다》에서 위버멘쉬(초인) 개념은 힘에의 의지와 허무주의 그리고 영원회귀 사유와의 정합적 구도를 완성시키는 매개개념으로 사용된다고 하였다. (출처: 서울대학교 철학사상연구소)

임화, 지하련 그리고 시의 도시 마산

《임화 시집》, 임화

　마산은 날씨가 따뜻하고 물 좋고 공기 좋은 곳으로 알려져 결핵을 치료하는 병원이 가포에 오래전부터 있었습니다. 그래서 많은 예술인이 요양하고 치료하기 위해 이곳으로 찾아왔습니다. 그중 한 명이 카프 중앙위원회 서기장이고 좌파 진영의 대표적 문학 이론가이자 시인이었던 임화입니다.

　임화는 치료차 마산에서 아름다운 여인 지하련을 만납니다. 오빠 이상조의 친구이지만 이혼남에 폐결핵 환자인 임화를 가족의 반대를 무릅쓰고 지하련은 온갖 정성으로 간병했다고 합니다. 그리고 둘은 곧 산사에서 조촐한 결혼식을 올리고 부부가 됩니다.

어렸을 때 집안이 파산해 떠돌던 임화는 사랑이 넘치는 2년 7개월을 마산에서 보냅니다. 아들 원배를 낳았으며 아프지만 평온한 삶을 살던 임화는 바닷가에서 낚시를 자주 하였습니다. 잔잔하고 맑은 마산 앞바다가 내어주는 몇 마리의 생선을 들고 사랑하는 아내와 아들이 기다리는 집으로 노을빛 고운 임항선을 걸어서 돌아왔을 것입니다. 결핵 치료를 위해 임항선 철둑길을 건너 마산의료원을 다니던 그 시절, 고단한 인생의 길섶에 선물처럼 주어진 행복의 한 시기를 보냈을 것입니다. 임화는 1935년 7월부터 1938년 2월까지 지하련의 극진한 간호로 죽음의 문턱에서 삶의 길목으로 돌아올 수 있었습니다.

임화는 병세가 호전되자 자신이 구상한 계획을 실행하고 가족을 부양하기 위해 서울로 지하련과 함께 상경하였습니다. 이곳에서 지하련이 결핵을 앓게 되고 병세가 악화되어 친정이 있는 마산에 홀로 돌아옵니다. 이 시기 임화의 편지에는 아내를 향한 안타까운 마음이 드러나 있습니다. "세상이 소란해서 마음 둘 곳 없는데 너는 앓고 아이들은 가엾고 나는 고달프고 쓸쓸하다." 이 편지에 지하련은 "죽음이 무섭지는 않다. 잊을 수 없는 사람들과 더불어 살 수 없게 한다는 점에서 죽음은 두려운 것이고 병고란 한스러운 것인지도 모른다."고 되뇌며 당신과 아이들을 걱정하고 외로운 투병 생활을 이어갔다고 합니다.

문학에 관심이 많았던 지하련은 임화와 만나 소설가로 등단하여 여러 작품을 남깁니다. 임화보다 네 살 아래인 지하련에 대해 서정주는 "상당히 미모여서 문인들 사이에 인기가 대단했다. 임화가 작품보다 문단 정치로 유명해진 데 비해, 그의 부인은 글재주가 임화보다 나았다."고 전하는가 하면, 이형기는 "길쭉한 얼굴, 시원한 검은 눈, 콧날은 날카로운 편, 키는 호리호리…… 늘 치마저고리에 성격은 적극적"이었다고 증언합니다. 지하련은 백철의 추천을 받아 1940년 12월 《문장》에 단편 〈결별〉을 발표하며 문단에 나옵니다. 그 후 소설집 《도정》을 발표하고 월북하여 그녀의 아까운 재능을 꽃피우지 못하게 됩니다. 이렇게 우리 문학사에 큰 영향을 끼친 임화와 지하련의 자취가 남은 주택이 아직 창원야구장 뒤쪽에 남아 있습니다.

1947년 임화와 지하련은 월북했지만, 임화는 남로당 관련 미제 간첩 혐의로 처형되었습니다. 지하련은 임화의 소식을 듣고 평양으로 달려와, 남편의 시신이라도 찾겠다고 평양 거리를 미친 듯이 헤매었지만 찾지 못하고 정신줄을 놓았다고 전해집니다. 정신적 충격을 받은 지하련은 평안북도 희천 근처의 교화소에 수용되었다가 죽음을 맞이합니다.

우리 문학에 큰 자취를 남긴 임화의 젊고 행복한 시절을 간직한 곳이 마산이 아닐까 생각하며 그의 시집을 찾아 읽었습니다. 그는 평론을 통해 "시인이란 시대정신의 훌륭한 대변자이다. 시인의 창조적 주체성, 미적 창조력보다는 시대정신을 반영한다."라고 하였습니다. 그래서 그의 시는 강렬하고 투쟁적이며 새로운 세상을 열어가기 위한 노력이 잘 드러납니다.

우리 오빠와 화로

임 화

사랑하는 우리 오빠 어저께 그만 그렇게 위하시던 오빠의 거북무늬 질화로가 깨어졌어요

언제나 오빠가 우리들의 '피오닐' 조그만 기수라 부르는 영남永男이가

지구에 해가 비친 하루의 모든 시간을 담배의 독기 속에다

어린 몸을 잠그고 사 온 그 거북무늬 화로가 깨어졌어요

그리하야 지금은 화젓가락만이 불쌍한 우리 영남이하구 저하구처럼

똑 우리 사랑하는 오빠를 잃은 남매와 같이 외롭게 벽에가 나란히 걸렸어요(…중략…)

천정을 향하야 기어올라가든 외줄기 담배 연기 속에서-- 오빠의 강철 가슴 속에 백힌 위대한 결정과 성스러운 각오를 저는 분명히 보았어요

그리하야 제가 영남이의 버선 하나도 채 못 기었을 동안에

문지방을 때리는 쇳소리 바루르 밟는 거치른 구두 소리와 함께…

(부분)

〈우리 오빠와 화로〉는 임화의 대표작으로 '단편 서사시' 형식을 선보인 작품입니다. 이전까지 생경한 언어와 선동적·추상적인 관념에 얽매였던 초기 계급 문학의 시 창작 풍토를 극복한 것으로 평가받고 있습니다. 이와 같은 시 형식을 통해 노동자의 삶에 드리운 자본주의적 현실과 이 속에서 싹트는 계급의식을 압축적으로 표현하고 있습니다.

잊힌 시인이 아닌 일제강점기 가슴 뜨겁게 시를 쓰고 운명 속에서 자신을 드러내고자 했던 그를 기억해야 할 것입니다. 마산은 젊은 시인 임화와 그의 아름다운 연인이자 동지 지하련의 영혼이 붉은 꽃이 되어 피어났던 곳입니다. 임화와 지하련의 흔적을 간직한 주택이 창원야구장 뒤에 그대로 폐허처럼 방치되어 있습니다. 그들은 일제강점기에 새로운 시대를 열고자 노력했던 시인이자 소설가로 문학사의 중요한 인물입니다. 이 주택에 관심을 가지고 창원시는 관리와 보존에 노력해야 할 것입니다. 월북 시인이라는 이유로 제대로 평가받지 못하고 방치된다는 것은 문화강국의 자존심에 먹칠을 하는 것입니다. 문화재가 보기 좋은 것만을 가려 가꾸는 것은 아닐 것입니다. 우리 역사를 움직였던 사람의 흔적이 기억되고 기록되고 전달되는 것이 공간이 가진 중요한 기능 중의 하나임을 기억하여야 할 것입니다. 임화, 지하련 그리고 시의 도시 마산을 다시 생각합니다.

통영, 그리고 '김약국의 딸들'

《김약국의 딸들》, 박경리

    창원시 마산합포구 완월동의 낡은 상가에 작은 북카페가 생겼습니다. 반가워 차를 마시러 가니, 낡은 레코드에서 비틀스의 노래가 흘러나오고 젊은 주인은 책을 읽고 있었습니다. 손님 없는 이곳이 반갑고 아까웠습니다. 혼자 책을 읽을 것이 아니라 함께 읽고 싶었습니다. 그래서 동네 사람들에게 독서 모임을 안내하는 쪽지 한 장을 카페 문 앞에 붙였습니다.
    세상은 언제나 놀라움의 연속입니다. 작은 쪽지에 화답하듯 사람들이 찾아왔습니다. 책이 좋아 찾아왔던 다섯 벗과 지금도 매달 한 번씩 모여 책을 낭독하고 이따금 맥주를 마십니다. 그렇게 세월이 흘렀고 우리는 수많은 책을 읽었습니다.
    봄날에는 판소리 《춘향전》을 낭송하며 조선 젊은이들의 눈부신 사랑을 느꼈으며, 사랑 앞에 당당한 춘향이 오히려 현대적 의미의 여성임을 성토하였습니다. 프란츠 카프카의 《변신》은 가정 폭력과 장애인과 노인 문제, 가족의 의미 등으로 변주되면서 밤이 늦도록 이야기가 끊이지 않았습니다. 흰 눈이 내릴 즈음엔 백석의 시를 읽었고, 화제가 된 책들도 꾸준히 선택되었습니다.

지금도 떠오릅니다. 문에 달린 종이 울리고 "오늘 여기서 독서 모임 하는 것 맞나요?" 물었던, 낯설지만 가까운 곳에 사는 벗들과 만나던 가슴 벅찬 순간. 그 카페는 이 년을 채우지 못하고 젊은 주인은 직장으로 돌아갔지만, 책 읽는 소리가 그리울 때면 찾아옵니다.

첫 독서 여행을 통영으로 떠났습니다. 《김약국의 딸들》을 가방에 넣고 동피랑을 오르고 이순신공원과 디피랑에서 보석처럼 아름다운 불빛의 잔치를 즐겼습니다. 멍게비빔밥과 전복을 넣은 돌솥밥을 점심으로 먹고, 마지막으로 통영다찌에 앉아 해산물 한 상을 받아놓고 박경리 작가와 김약국의 딸들에 대해 깊게 토론하였습니다. 일제강점기를 배경으로 한 김약국 딸들의 운명을 이야기할 때면 우리 너머로 밤바다의 물결이 일렁이고, 미륵산 아래 용화사 길섶에는 후두둑 붉은 동백이 지고 있었습니다.

이렇게 책을 이야기하고 시를 낭송하고 음악회를 함께 찾아가는 작은 독서 모임을 통해 우리는 하는 일과 사는 모습은 다르지만, 서로의 마음에 접속하였습니다.

분홍돌고래

홍콩 란타우섬 주변으로 헤엄치는 분홍색 몸과 지느러미가 보였습니다. 분홍돌고래가 돌아왔다고 합니다. 홍콩과 마카오를 연결하는 고속 페리의 운항이 멈춘 바다에 '분홍돌고래' 30% 이상 증가했다'라는 뉴스를 보았습니다.

코로나 대유행으로 인해 조용해진 바다에 귀환한 세계적인 희귀 동물인 분홍돌고래의 정식 명칭은 중국 흰돌고래 또는 인도-태평양혹등고래입니다. 이 특별한 색의 돌고래는 체온을 조절하는 혈관에 의해 몸 전체가 옅은 분홍빛을 띠는 것이 특징이라고 하며 태어났을 때는 짙은 회색이고 자라면서 점차 흰색과 분홍색이 됩니다. 주로 중국 남해안, 주징 심귁주, 홍콩 란타우섬 등에 시식하며 수명은 보통 30~40년이라고 합니다. 푸른 바다 위를 복사꽃처럼 고운 분홍빛 지느러미로 힘차게 솟구치며 파도와 장난하는듯한 아름다운 생명체의 모습을 보며 제 마음에 화석이 되었던 분홍 약속을 생각합니다.

  제 두 아들은 유난히 바다와 관련된 동화를 좋아하였습니다. 돌고래 이야기를 읽어주면 눈을 반짝이면서 수많은 질문을 하였습니다. 함께 누워서 바다를 좋아하는 두 소년과 분홍돌고래의 우정에 관한 이야기로 즐거운 놀이를 하곤 하였습니다.

     어느 바닷가 마을에 범수와 준수라는 착한 아이들이 살고 있었어요. 그 아이들은 언제나 바다에 나가 물고기들과 이야기를 나누며 하루를 보내곤 하였어요. 그런데 어느날 상처입은 분홍돌고래를 바닷가 동굴에서 발견했어요. … 두 소년은 분홍돌고래를 어려움에서 구해 고향을 돌려보내 주었답니다. 그리고 손을 흔들면서 큰소리로 인사를 하였어요. 행복하게 잘 살아!

  아이들은 중간중간에 새로운 사건을 넣기도 하고, 자기들이 좋아하는 물고기를 친구로 등장시키기도 하였습니다. 함께 누워서 재미있게 이야기하며 너희를 주인공으로 하는 동화를 써서 선물로 주겠다는 약속을 하였습니다. 아이들은 무척 좋아하며 엄마의 동화를 기다리며 성장하였습니다. 이제 성인이 된 두 아들은 엄마의 동화를 잊어버리고 자신의 삶을 살고 있습니다. 그러나 저는 서점에 가서 동화책을 볼 때면 지키지 않은 약속이 떠올라 언젠가 동화 '분홍돌고래'를 꼭 완성시켜야겠다고 다짐합니다.

강마을에서 보내는 독서 편지

'분홍돌고래'는 제가 만나고 싶은 아름다운 꿈입니다. 강이 보이는 도서관에서 제자의 아이에게 동화책을 달콤한 코코아를 마시며 함께 읽고 싶습니다. 동화책을 읽던 아이가 잠이 들면 그 아이의 머리칼을 강바람은 사알살 어루만지며 지나갈 것입니다. 도서관 책장의 먼지를 만진 바람이 언덕을 내려가면 찔레꽃은 하얀 쌀밥처럼 수북수북 피어 있을 것입니다.

도서관을 지나가는 바람을 따라 계단을 내려오면 수박하우스 일을 마친 동네 사람들이 모여들 것입니다. 탁자 위에는 건후네가 가져온 하얀 백설기와 나실이 어머니의 수박 화채가 놓여 있습니다. 우리는 저마다 책을 펴고 낭독을 시작합니다. 이번 주 모임에서 읽는 책은 봄처럼 향기로운 고전 《춘향전》입니다.

이몽룡과 성춘향은 열여섯 살의 소년 소녀로 설렘은 만발하지만, 결코 어리지도 무모하지도 않은 사랑을 합니다. 기생의 딸 춘향은 자신의 사랑 앞에 너무나도 당당합니다. 양반의 자제 이도령을 만날 때에는 이도령이 자신을 오라고 부르자, 어찌 제 맘대로 오라 가라 하느냐고 따집니다. 백년가약을 맺을 때도 너를 어떻게 믿을 수 있겠느냐고 똑 부러지게 말하며, 사랑을 맹세하는 글을 쓰게 합니다. 물론 이별할 때는 더 대단합니다. 조신하게 서방님을 눈물로 보내주는 것이 아니라 "존귀비천 원수로다. 여보 도련님, 춘향 몸이 천하다고 함부로 내버리면 그만인 줄 알지 마오"라며 억울함을 호소합니다. 수청을 들라는 수령 변학도에게는 "기생 신분이라고 얼녀 되시 말라는 법" 있느냐라고 항변합니다. 기생의 딸로 조선 사회의 하층 계급이지만 어떤 순간에도 결단코 주눅 들거나 비

굴한 모습을 보이지 않습니다.

　창밖에는 강물 위로 별빛이 쏟아지고 은영이 아버지는 춘향의 멋짐과 현대적인 모습에 박수를 보내며 토론에 열을 올립니다. 시영이 어머니는 춘향은 사랑이 없는 몸으로 하는 관계에 대해 거부하는 용감한 여인이라고 조근조근 자신의 의견을 말하고, 현주 어머니는 자기 몸의 주인은 자신이라는 당당한 인식을 가진 춘향을 사랑하게 되었다고 얼굴을 붉힙니다. 얼마나 멋진 광경일까요? 제가 꾸는 꿈의 풍경입니다.

　분홍돌고래를 꿈꾸는 도서관에서는 마늘밭에서 마늘종을 뽑던 미정이 어머니와 트랙터를 몰고 무논을 갈던 원호 아버지가 강가에 불을 밝히고 있는 도서관에 와서 시를 읽는 곳입니다. 옛 제자는 아이를 도서관에 데려다 줄 것입니다. 그러면 저는 동화책을 읽어주고 싶습니다. 이렇게 모두가 읽고 쓰는 즐거움을 함께하는 삶이 있는 곳을 만드는 데 작은 힘을 보태고 싶습니다.

　송홧가루가 날리는 강가에 서니 은사시나무 푸른 잎이 저를 향해 손을 흔듭니다. 까르르 웃음을 쏟아내며 말을 건네고 있습니다. 노란 애기똥풀꽃은 둥근 얼굴로 미소 짓습니다. 서늘한 현호색은 산그늘에서 묵묵히 제 말을 들어줍니다. 이때 노고지리는 청보리밭 위를 쏘는 듯 날아오르며 눈짓을 보냅니다. 이들과 함께 분홍돌고래를 꿈꾸는 도서관을 기다립니다.

강마을에서 보내는 독서 편지

| 이선애론 |

현상학적 사유의 예술적 형상화
이선애의 작품세계

권대근
문학박사, 대신대학원대학교 교수

넓다고 좋은 강은 아니다. 좁아도 많은 물고기들이 살고 있다면, 좋은 강이리라. 깊다고 좋은 바다가 아니다. 낮아도 바닥이 보일 만큼 깨끗하다면 충분히 좋은 바다이리라.

I. 로그인

이선애의 독서력은 작품 그 너머를 욕망한다. 그녀의 시선은 작품이라는 중력을 완전히 벗어날 수 없다. 그렇다면 그녀의 독서행위는 작품을 만나 무엇이 될 수 있는가. 작품이 시대의 병암과 인간의 내면을 정직하게 반영한다면, 독서수필은 보다 본질적인 질문을 던질 수 있어야 한다. 쉽게 말하자면 작품이 항해하는 배라면, 독서수필은 일종의 등대다. 독서행위는 작품과 동행하되, 수필의 정체성을 고민하고, 수필의 위치를 가늠하는 역할을 감당해야 한다. 특히 독서감상은 작품의 미학적 범주만을 사유할 수 없다. 작가와 독자 모두에게 감동을 주어야 한다. 그러려면 작가의 삶과 작품, 그들을 둘러싼 사회의 역사적 맥락 등을 두루 살피는 문학적 안목이 필요하다. 이선애는 훌륭한 독자이면서 동시에 수필가다. 문학을 문학답게 읽어낸다는 의미다. 이 책《강마을에서 보내는 독서편지》는 수필의 외연을 넓히는 차원에서 커다란 의미가 있다고 하겠다.

문학은 객관적 대상이 될 수 없다. 인간, 언어, 예술 등 가치개념으로 규정되는 사항들이 문학의 문학다움을 규정하는 데 용어로 등장하기 때문이다. 이선애 독서수필의 미적 울림은 수필이 '현상학적 사유의 예술적 형상화'라는 섬으로 향하는 길 가운데 선택한 하나의 항로다. 조르쥬 뿔레는 독서현상학 속에서 비평의 방법을 마련하였다. 지금까지 우리 수필은 성찰과 저항이라는, 어떻게 보면 윤리의식과 사회의식에서 출발했다. 이선애의 독서수필은 그전과 달리 창작적 원리나 울림의 원리, 즉 조르쥬 뿔레의 독서현상학으로 풀어나가는 데 의의가 있다. 뿔레는 "독서행위는 다른 사람의 의식에 흐르는 어떤 것을 자신의 것으로 포착하는 독자의 의식이다. 동일감을 드러내는 비평의식은 그렇다고 해서 괴리와 차이를 전적으로 배제하는 것은 아니기 때문에 대상의 전적인 소멸을 요구하지는 않는다."고 했다.

평자는 독서현상학을 이선애 수필 분석 방법론으로 취택하고자 한다. 독서현상학은 저자로부터 시작하여 텍스트로, 텍스트에서 다시 훌륭한 독자로 이주하는 과정에서 형성되는 것이다. 그래서 수필감상은 단순히 정보와 지식을 얻으려는 행위가 아니라, 적극적이고도 능동적으로 세상을 대면하여 자기와 세계를 이해하는 행위가 된다는 측면에서 작가와 훌륭한 독자 양자 간 대화의 결과에 주목할 수밖에 없다. 왜냐하면 작품을 읽는 것은 다른 작품을 생산하는 일이며, 상상력을 동원하여 사유의 폭을 넓히는 작업이라는 점을 환기해 둘 필요는 있기 때문이다. 이것이 문학독서의 목적이고 본질적 양상이다. 문학독서는 작품에 대한 신뢰와 작품에 직접 접하는 즉물적 수용의 즐거움에서 출발해야 한다. 이론이 아니라 직접 수용이 문학독서의 일차적 조건이다. 통념적으로 '형상적 사유의 표현'으로 규정되는 문학의 속성을 현장으로 옮기는 작업을 문학독서라 한다면 이선애의 독서수필은 문학을 문학답게 읽는 게 무엇인가는 비교적 자명하게 그 상을 드러낸다. 달리 표현하자면, 언어예술로서 문학을 수용한다는 것쯤이 된다.

책을 읽게 되는 계기는 다양할 것이고, 그것이 독서의 방향에 영향을 미칠 것도 예상되는 점이다. 그러나 계기의 다양함을 모두 고려하여 개별화하는 일은 이 논의의 범위를 벗어난다. 책을 읽게 된 동기가 독서과정에 미치는 영향에서 출발할 필요가 있다. 독서론의 난점 가운데 하나는 작가의 독서 구조나 독자의 독서 구조가 동일하다는 것이다. 독서의 현상학을 설명하는 뿔레에 따르면 "문학은 나의 의식과 대상 사이의 일상적인 부조화에서 나를 해방시켜

준다." 문학은 형상화된 것이고, 자율적인 구조를 지니고 있기 때문에 이러한 역할이 가능하다. 그는 문학이 작가의 존재적 결단의 결과라는 점을 이렇게 설명한다. "책은 작가의 몽상과 삶의 방식이며, 사고와 감정을 보존하는 수단이며, 죽음으로부터 자기를 구출하려는 욕구의 표출에 다름 아니다." 작품의 가치를 이렇게 전제해야 하는 이유는, 그저 시도해 보는, '독서감상문'에 지나지 않는 작품은 논의의 대상으로 삼을 수 없기 때문이다.

1. 구체성으로 다가가다

책읽기가 과정적이라는 것의 첫 번째 의미는, 그것이 구체성을 바탕으로 하는 독서라는 점일 것이다. 구체성으로 다가가는 책읽기는 이선애 독서수필의 큰 특징이다. 문학에서 세부의 묘사와 감정의 추이를 정확하게 포착하는 것, 인물의 행동을 사건의 진행에 맞게 그리고, 그것이 일반적 인물의 행동과 같은 구조를 보이도록 하는 것이 문학적 성공의 잣대가 되는 이유가 여기서 설명된다. 이선애는 뿔레처럼 형식이 정신을 대신할 수 없다고 생각한다. 그녀는 작품을 묘사하고 테크닉을 세세하게 분석하는 따위를 그다지 반기지 않는다. 이선애에게 있어서 작가란 작품을 만드는 자가 아니라, 작품을 존재하도록 하는 자이며, 자신의 일상적 삶을 이야기하기보다는 정신적 삶의 정상, 즉 사유의 우주를 보여주는 자이다.

척독은 결코 시간이 없어 짧게 쓴 글이 아닙니다. 긴 편지를 쓰는 것 이상으로 애를 써서 작품성을 의식하고 제작된 글입니다. 척독을 읽고 나면 정경이 떠오르고 그림이 그려집니다. 절제된 비유와 간결한 표현, 말할 듯 머금은 여백의 미를 추구합니다. 척독은 산문보다 오히려 시에 가깝습니다.

오늘날, 가장 척독에 가까운 것은 아마도 엽서葉書일 것입니다. 엽서를 가장 살뜰하게 쓴 사람으로 신영복 선생이 있습니다. 감옥에서 한 달에 한 장 주어지는 엽서를 위해 머릿속으로 몇 번의 퇴고를 거쳐 십여 분 주어지는 시간 안에 빠르게 적었다고 합니다. 그분의 엽서는 감옥에서 세상을 향해 보내는 안타까운 메시지가 아니었을까요.

가을이 깊어져 갑니다. 우수수 날리는 낙엽 사이로 추수가 끝난 빈 들의 고요한 모습이 보입니다. 이제 우리도 자기 내면을 들여다보면서 먼 곳의 벗에게 마음을 전하는 한 장의 편지를 써 보면 어떨까요?

—〈마음을 담은 종이 한 장-척독〉

일반적으로 서간체로 수필 쓰기는 남성보다는 여성에게 더 어울리는 행위로 여겨졌기에 남성 위주의 문학 전통에서는 주변적 장르로 인식되어 왔나. 사대부들은 선화가 없던 시대에 편지를 보내는 것이 일상이었다. 편지라는 사적인 글쓰기를 통해 자신을 표현하고 타인과 의사소통을 해온 것이다. 때문에 편지에 사용되는 언어는 일관성 있게 엮어 나가기 어려운 일상적이고 단편적인 삶을 드러내 주는 역할을 담당했다. 이런 측면에서 자아표현을 강조하면서 자아가 성숙해 가는 과정을 나타내는 데에 효과적인 언어가 바로 편지의 언어라 할 수 있다. 그리고 편지의 언어는 사건이 발생되는 즉시 보고되므로 편지의 수신자나 독자에게 현장감을 제공하면서 그 현장감으로 인해 인물의 심리와 감정에 더 많이 공감하게 한다. 때문에 사대부들은 자아의 발견이나 직접적인 접촉에의 욕망을 이런 서간체를 통해 표출한다. 즉 사건에 대한 직접성과 밀접성, 자기확증으로 인해 다른 어떤 언어보다도 행동의 고백이나 정신적 경험의 강조에 유익한 것이 편지의 언어인 것이다. 이런 특성 때문에 편지의 언어는 주로 내면적인 감정이나 정서, 비밀의 고백, 미결적인 사건이나 원인의 해명, 자기 변명 등의 내용을 담은 언어가 된다.

  작가는 허균이 이대용에게 쓴 척독과 박지원이 홍대용에게 보낸 편지를 소개하면서, 박지원은 허균만큼이나 척독의 묘미를 알고 즐겨 쓰던 이였다고 평가한다. 특히 그들의 옛글에서 상황에 맞는 글을 찾아내어 적절하게 인용하는 데서 탁월한 이야기꾼의 면모를 발견한다. 못 만나서 섭섭하고 송구한 마음을 "이제부터는 당분간 달 밝은 저녁이면 감히 밖에 나가지 않을 거요"라는 문장에 담아내는 여유를 그 근거로 삼는다. '척독'은 결코 시간이 없어 짧게 쓴 글이 아니라, 편지를 쓰는 것 이상으로 애를 써서 작품성을 의식하고 제작된 글이라는 게 작가의 견해다. 정경이 떠오르고 그림이 그려지고, 절제된 비유와 간결한 표현, 말할 듯하지 않고 머금은 여백의 미를 추구한다는 차원에서 척독은 산문보다 오히려 시에 가깝다고 평가하고 있다. 이런 해석에 더하여, 오늘날, 가장 척독에 가까운 것은 엽서葉書라고 하면서 작가는 엽서를 가장 살뜰하게 쓴 사람으로 신영복 선생을 꼽고 있다. 감옥에서 한 달에 한 장 주어지는 엽서를 위해 머릿속으로 몇 번의 퇴고를 거쳐 십여 분 주어지는 시간 안에 빠르게 적은 그 엽서를 작가는 '감옥에서 세상을 향해 보내는 안타까운 메시지'로 풀어내고 있다.

> 이 책을 읽으며 우리 삶은 얼마나 부조리한가를 생각해 보았습니다. 내가 어느 날 갑자기 벌레가 된다는 것은 어떤 상황일까요? 나는 진심으로 사람을 만나고 가족을 사랑하고 있을까요? 갑자기 자신이 없어졌습니다. 그리고 어느 날 내가 눈을 떴을 때 앞을 알 수 없는 막다른 상황에서 그레고르 잠자처럼 더듬이로 세상을 더듬어 가고 여러 쌍의 마디가 있는 발로 기어 나갈 때 견딜 수 있을까를 생각하였습니다. 잠자의 가족들이 행하는 '가족이란 이름의 폭력'이 소설 속의 일만은 아닐 것입니다. 가족에게조차 성가신 존재가 되면 말없이 외면당하는 슬픈 일이 나타날지 모릅니다. 제 사유를 깊게 합니다.
>
> —〈가족이란 이름의 폭력〉

카프카의 《변신》을 읽고 작가는 우리네 삶의 부조리한 면을 생각하지 않을 수 없었다는데, 책 속에 나오는 이 벌레가 의미하는 바가 무엇인지에 대해 토론하던 중 작가는 치매 노인이 먼저 떠올랐다고 하는 분의 이야기에 주목한다. 젊어서 몸과 마음을 바쳐 가족들에게 헌신한 노인이 치매가 발병하는 순간 가족들에게 외면당하고 요양원으로 보내지는 것이 그레고르 잠자의 모습과 교차하였다고 하는 지점에서 작가는 '잠자가 아버지의 사과에 맞아 죽음을 맞이하자 축제하듯 행복하게 나들이하는 가족이 과연 있을 수 있을까'라는 의문을 갖는다. 또 벌레가 된다는 부조리한 상황을 만들어서 그 속에서 삶의 부조리함을 보여주는 것이 아니냐는 다양한 의견들이 밤이 늦도록 분분하였다고 독서토론회 모습을 중계하면서, 가족을 위해 희생한 그레고르 잠자는 벌레가 되어서 비로소 자신을 다시 돌아보고 휴식을 취하는 것을 들뢰즈의 '동물-되기'로 해석한다. 독서토론회를 향기로운 지성의 향연이었다고 말하고 있는데서 그녀의 독서 사랑을 느낄 수 있다.

 이 독서수필의 멋과 향은 책의 내용이나 감상보다 발단부에 소개된 독서토론 모임이 생긴 연유에 대한 몇 줄의 단상에서 나온다. 한 젊은이가 후미진 창원시 마산합포구 완월동 산복도로 아래에 헌책과 커피와 맥주를 파는 헌책방 겸 북카페를 개업했는데, 그때 작가는 너무 반가워서 일주일에 한 번은 가서 커피를 마시고 맥주도 한잔하고 이 카페가 잘되기를 빌었다고 한다. 평소 책읽기를 밥 먹듯이 하는 작가의 강마을 편지로 엮은 수필집은 세종도서로 뽑히기도 했다. 계간지 《에세이문예》뿐만 아니라 《교육신문》 등에 꾸준히 독서수필을 수년간 연재하기도 한 작가이기에 동네에 북카페가 생겼다는 게 얼마나 반가웠을지는 짐작이 가고도 남는다. 하지만 오는 사람은 몇 명 되지 않아 늘 걱정스러워서 가게 문 앞에, '함께 책을 읽고 시 낭송을 할 동네 사람들 모이세요.'라는 작은 쪽지를 직접 써붙였다고 하는 에피소드가 큰 감동을 준다. 지성과 따뜻함이 흐르는 이선애의 독서수필은 이런 인간적인 서사를 품고 있어 건조하고 딱딱한 느낌을 전혀 주지 않으면서 독자에게 더욱 가깝고도 친근하게 다가서는 것 같다.

2. 형상성을 음미하다

형상성이라는 말은 추상적인 것을 구체적인 감각 차원으로 전환하여 수용할 수 있게 하는 수단과 그것이 구체화된 결과를 뜻한다. 국어사전에는 '형상'을 이렇게 풀이하고 있다. "감각으로 포착한 것이나 심중의 관념 등을 예술가가 어떤 표현 수단에 의하여 구상화하는 일. 또 표현되는 바탕이나 작품으로서 나타난 것. 그 표현 형식도 이름." 구상화, 표현 등이 이 설명의 핵심에 해당한다. 철학적으로 대표되는 학문이 논리를 중심으로 추상적인 이론체계를 구축하고 원리를 발견하여 예외 없이 적용되는 법칙을 추구하는 것이라면, 예술은 개별적 구체성을 바탕으로 공감을 추구한다. 결과로는 누구나 공감하는 예술품을 낳게 되는 것이 이상이지만 과정에서는 개별적인 구체성과 섬세한 자세함에 감동의 원천이 마련된다. 이선애의 독서수필은 감각적 공통성을 민감하게 느끼도록 구성되어 있고, 독자는 작가가 그렇게 해 놓은 데 공감할 수 있도록 전략적으로 짜여져 있어 감동을 준다.

《고미숙의 로드클래식, 길 위에서 길 찾기》는 삶 자체가 '길 없는 대지' 위를 걸어가는 여행이라고 말하는 고전평론가 고미숙이 고전

문학 작품 중 길 위에서 '길'을 찾는, '길' 자체가 주인공이자 주제인 고전을 특유의 현재적 시선으로 새롭게 읽어내는 책이다. 열하일기, 서유기, 돈키호테, 허클베리 핀의 모험, 그리스인 조르바, 걸리버 여행기라는 고전의 주인공들은 자기만의 방식으로 지도를 그리고 있다. 우리도 길을 떠나려면 지도를 그려야 한다. 지도를 그리기 위해서는 하늘의 별을 보라고 했다. 우리 시대의 별은 고전이다. 이 책에서 소개하는 고전을 읽으며 우리 속에 숨어 있는 야생의 본능을 되살려 보는 것은 어떨까.

―〈구도의 여정, 길 위에서 길 찾기〉

고전을 '우리 시대의 별'로 인식하고 있는 이 수필에는 저자가 삶의 모퉁이를 돌면서 얻은 샛별 같은 사유가 은하수처럼 촘촘히 박혀 있다. 그녀는 끝없이 이어진 '길'을 아스라이 바라보기만 해도 가슴이 두근거리는 순수한 여인이다. 국어교사를 하면서 문학의 '길'을 나선 수필가다. 그녀의 작품에서 주축이 되는 그림자 형상은 '길'이다. 이선애의 수필 속에서 무시로 발견되는 '길'은 이선애 수필을 이해하는 데 있어서 단초가 되는 핵심 아이콘이라 할 수 있다. '길'은 서로 다른 장소를 연결해 주는 통로를 말한다. 어떤 상태로 가는 과정을 뜻하는 말로 쓰이기도 한다. 이선애에게 있어서 '길'은 작가가 직접 '길 위에서 길 찾기'라고 명명했듯이, 미지의 세계로 열려진 '창'이다.

그녀는 고전을 읽으며 우리 속에 숨어 있는 야생의 본능을 되살려 보기를 독자에게 권한다. 작가는 길 위에 서 있는 사람이다. 길

위의 길을 언제든지 걸을 준비를 하고 있다. 전자의 '길'이 지금까지 살아온 삶의 터전이라면, 후자의 '길'은 사색의 시공으로 연결된 문학의 길이요, 예술의 길이다. 어느 때든 길로 통하는 길이면 떠날 준비를 하고 있는 여인이다. 왜냐하면 이선애는 '어디로든 희망으로 내달릴 길은 나 있다'고 믿기 때문이다. 시간에서 시간으로, 꿈에서 꿈으로, 걸어가고 있다. 한 하늘 아래 한 시대를 함께 호흡하며 살았던 흔적들을 더듬으며 혼자 어디론가 떠나면서 지도를 그려보라고 권한다. 길에서 길을 묻는다. 그녀는 분명 혼자 걷는 샛길에서 '별'을 만나고 삶의 규칙을 발견하길 좋아하는 작가다.

백승영 교수는 "있는 것은 아무것도 버릴 것이 없으며, 없어도 좋은 것이란 없다"고 말한 니체의 핵심 키워드를 통해 니체의 사상을 '디오니소스적 긍정 철학'이라 말합니다. 철학에서 탈근대적 전환을 가져온 니체는 인간을 변화시키는 것은 인간 자신의 의지가 힘에 의해 수행하는 장소로 위버멘시Übermensch, overman적 삶을 살아갈 수 있을 정도로 건강해야 자신을 긍정하고 세계에 대해 긍정이 일어난다고 말합니다. 자신의 삶, 매 순간 모든 계기를 자기가 구상할 수 있어야 하는 것입니다.

찬 바람 몰아치는 들판에 홀로 선 젊은이에게 어떤 말을 할 수 있을까요? 어떤 일을 시작하든지 그 일을 10년만 견디어 보라고 말하고 싶습니다. 궁하면 통하는 것이 세상의 이치입니다. 새로운 것을 만드는 것이 아니라 궁하기 때문에 그 궁기를 면하고자 견디어 낸다면 진정한 자아가 눈을 뜰 것입니다. 신께서 문을 닫아 버릴 때는 반드시 새로운 길을 열어 준다고 합니다. 투덜거리지 말고 뚜벅뚜벅 걸어서 나를 누르는 중력을 극복하기 위해 몸으로 실천할 필요가 있습니다. 건강한 몸으로 내 속에 있는 의지를 불러보십시오. 그러면 인생의 길섶마다 숨겨진 행운이 손을 내밀 것입니다.

—〈아모르파티〉

　이선애 독서수필이 주는 맛이 어찌 지성미뿐이겠는가. 향기 또한 가득하다. '보이지 않는 눈'으로 사람의 내면을 투시하여, 문학적 인물을 되살리고 기억해 주는 행위야말로 얼마나 인간적인가. 동서양의 뜨겁게 산 사람들의 삶을 수필로 써낸다는 것이 어디 쉬운 일인가. 어느 한쪽에 한정하거나 치우치지 않고 세상의 이치를 발견해내는 것이 장점으로 보인다. '어떤 일을 시작하든지 그 일을 10년만 견디어 보라고 말하고 싶습니다. 궁하면 통하는 것이 세상의 이치입니다.' 이 말은 어쩌면 청년이 아닌 자신에게 하는 말일 수도 있다. 편안함 속에서 안주하려는 것보다는 물처럼 절벽을 만나면 절벽에서 뛰어내리고, 바위를 만나면 바위를 지나고 막히면 돌아가는 용기와 실천을 주문하고 있다. 물은 낮게 낮게 흘러야 바다와 만날 수 있다. 매순간의 삶을 자기 스스로 구상해야 한다는 깨달음을 주었다는 점도 높게 평가한다. 풍부한 사료와 폭넓고 깊은 논의로 인간세계를 그려나가는 이유를 발견해 낼 때의 감동은 더욱 크다. 기억해야 할 인물의 가치를 독자 자신이 상상력으로 이해했을 때의 기쁨은 마치 땅속에서 보석을 발견했을 경우와 같다. 의지를 불태우며 살아온 사람들의 의로운 결을 발견했을 때의 놀라움과 감동은 얼마나 큰가.

저 역시 80년대에 어려운 가정형편으로 인문계가 아닌 상업계고 등학교로 진학하였습니다. 그리고 제가 다니던 여상에는 교실을 공유하던 야간반 언니들이 있었습니다. 아침에 등교하면 가끔 교실이 어질러져 있었습니다. 반장이었던 저는 주간 아이들을 대표해서 저녁에 남아 야간반 반장 언니를 만났습니다. 저보다 몇 살은 나이가 들어 보이는 창백한 얼굴의 교복 입은 언니를 기억합니다. 그 언니와는 말이 잘 통해 꽤 오랫동안 이야기하였습니다. 교실은 깨끗해졌습니다. 삼십여 년 전의 마산은 전국에서 여성의 성비가 높았던 곳으로 유명하였습니다. 전국의 빈촌에서 어린 동생의 학비를 벌기 위해 왔던 소녀들이 수출자유지역 공장에서 쏟아져 나오던 풍경을 아직도 기억합니다. 새까맣게 윤이 나던 단발머리 소녀들이 끝없이 밀려 나오던 수출자유지역 후문 앞…. 와르르 쏟아지던 웃음들, 수런수런하게 들리던 그녀들의 목소리들, 옅은 푸른색의 근무복…

《외딴방》은 결국 저의 이야기이고, 아픈 노동의 역사입니다. 어깨에 무거운 짐을 지고 천천히 뻘밭을 걸어가는 낙타처럼 살았던 가난한 장남들의 눈물이고, 웃음 많고 정이 넘치는 누나의 희망일 것입니다. 그 시절, 우리의 이야기는 사람들 사이에 피는 눈부신 꽃의 시절일 것입니다.

—〈사람들 사이에 꽃이 핍니다〉

이선애가 구사하는 언어는 분위기에 꼭 맞는 적절한 표현의 옷을 입고 있어 감동을 준다. '사람들 사이에 꽃이 핀다'는 대단히 함축적이며 다의적인 표현이다. 왜 제목을 '사람들 사이에 꽃이 핀다'라고 했는지 그 의도를 찾아보는 것도 이 수필을 재미있게 읽는 또 하나의 방법이라고 하겠다. 〈사람들 사이에 꽃이 핍니다〉에서 독자들은 관계성을 중시하는 동양적 사고방식도 발견할 수 있다. 이 같은 발견의 놀라움은 미적 감동을 준다. 다만 바슐라르가 주로 사물을 중심으로 이미지를 논한 것과 달리 이선애의 경우는 한 생을 열정적으로, 의미 있게 산 사람들의 열정적인 멋을 그려내었다는 것이다. 가난한 날들의 열정을 자신의 삶에 비추며, 80년대의 가난 속에서도 순수와 열정으로 현실을 헤쳐나갔던 젊은 사람들의 투쟁사에 자신의 인간사를 투영하고, 자신의 삶까지도 포갠다. 이것은 자기성찰의 바람직한 방법으로 수필에서 많이 이용된다. 햇볕이 나도 그림자를 지울 수 없듯이 그림자도 자아의식의 중요한 반려자가 되어 있다. 과거를 위대하게 살아낸 인물 앞에서 작아지는 이선애 작가를 발견하는 것은 이 책을 읽는 최고의 쾌미다. '어깨에 무거운 짐을 지고 천천히 뻘밭을 걸어가는 낙타처럼 살았던 가난한 장남들의 눈물이고, 웃음 많고 정이 넘치는 누나의 희망일 것'이라는 표현은 이 책의 문학성과 그녀의 문재를 잘 보여준다고 하겠다.

완월동에 사는 동네 사람 몇이 모여서 독서 모임을 시작한 지 몇 해가 훌쩍 지나갔습니다. 그냥 한 달에 두어 번 책을 한 권 정해 읽고 시도 낭송합니다. 가을밤이면 맥줏집에서 가을 시를 읽고, 봄꽃이 피면 봄꽃이 보이는 찻집에서 꽃에 관한 시를 두런두런 읽기도

합니다. 이번 달의 책은 《허클베리 핀의 모험》입니다. 제가 처음 책 소개를 했을 때 반응은 별로였습니다. "애들이 읽는 책 아냐?" 이렇게 말하였습니다. 그러나 이 소설은 우정에 관한 이야기이고 유목적으로 탈주하는 인간의 이야기입니다. 술주정뱅이 아빠의 폭력과 친절하고 예의 바른 과부댁으로부터 탈주하는 헉과 도망자 흑인 노예 짐의 이야기입니다. 그들은 잭슨섬에서 운명적으로 조우하고 함께 미시시피강으로 탈주의 길을 갑니다. 수많은 사람을 만나고 그들은 새로운 세계와 접속합니다.

―〈강을 따라 흐르는 우정과 탈주〉

    문학이 독자의 감동을 목적으로 한다는 본질을 생각할 때 공감을 주는 설득력은 필수적이며 또 연상에 의한 복잡한 내면의 심상을 표현하기 위해서는 감각적 접근과 함께 다양한 비유의 구사도 필요할 것이다. 특히 심상에 의한 참신한 기법 같은 것도 시도해 볼 필요가 있겠다. 수필이 어떻게 사실의 세계에 충실하면서도 이를 초월한 상상의 예술세계를 이런 기법으로 구축해 나갈 수 있는지를 보여줄 수 있는 뛰어난 작품의 하나가 이선애의 〈강을 따라 흐르는 우정과 탈주〉라 하겠다. 이선애는 〈허클베리 핀의 모험〉이 탈주하는 인간의 보험이라는 설 독사에게 상기시키고, '술주정뱅이 아빠의 폭력과 친절하고 예의 바른 과부댁으로부터 탈주하는 헉과 도망자 흑인 노예 짐의 이야기'라고 소개하면서, 그녀는 작중 인물, 탈주자 헉과 도망자 짐 두 사람 간의 진정한 우정을 그려내는 데 성공한다. 두 사람 모두 새로운 세상과 만나기 위해 목숨을 거는 탈주의 지점에서 우리는 용기의 위대한 힘을 느끼지 않을 수 없다. 작가는 시대의 승리자가 역사의 승리자가 되는 것은 아니라는 판단을 고수한다. 이 수필은 시대의 승리자보다 역사의 승리자가 되기 위해 자유를 택한 위대한 이들에게 바치는 헌사로도 손색이 없을 것 같다.

3. 상상력을 구축하다

텍스트를 보는 관점은 여러 가지일 수 있다. 일반 텍스트가 의미의 논리적 구축물이라서 독자는 의미를 찾고, 의미 단위별로 분류하고 조합하는 과정에서 명백하고 일관된 의미를 발견하는 일이 독서에 해당한다. 그러나 문학 텍스트의 경우는 사정이 좀 다르다. 이는 의미의 구축물이라기보다는 종횡으로 끝없이 이어지는 의미의 시렁이나 '의미의 그물망'에 가깝다. 독자의 능동적인 참여, 자신의 기억을 거기 투여하고 작가와 입장을 바꾸어 개입해 보고, 그리고 작가가 얽어 놓은 의미의 그물망에 자신의 기억과 기대를 한꺼번에 걸어 봄으로써 텍스트를 적극 수용하는 것이 문학 텍스트의 속성이다. 문학 텍스트는 주관적 수용이 필연적이다. 그리고 이것이 문학 텍스트의 가능성이기도 하다.

헉슬리는 이 소설을 통해 과학과 기술이 만들어 낼 수 있는 가장 부정적인 암흑세계를 그려냄으로써 현실을 날카롭게 비판합니다. 이러한 문학 작품이나 사상을 '디스토피아'라고 합니다. 그는 과학이 인간으로부터 유리될 때 나타나는 위험한 경향을 미래 사회로 확대 투영함으로써 궁극적으로 우리가 지향해야 할 바를 제시한다고 볼 수 있습니다.

산기슭에 아카시아 향기는 바람을 타고 흐릅니다. 그 향기를 따라 불행해질 권리를 요구하는 존의 모습을 생각합니다. 내 삶의 주체는 과연 나인가? 소비의 주체가 나인가? 이런 물음에 정확히 답하는 삶을 살고 싶습니다.

—〈과학기술이 만든 디스토피아〉

이선애 작가가 '우리의 미래는 어떤 모습일까 하는 생각으로 연휴 동안 읽은 책'이 바로 올더스 헉슬리가 쓴 《멋진 신세계 Brave New World》다. '헉슬리는 이 소설을 통해 과학과 기술이 만들어 낼 수 있는 가장 부정적인 암흑세계를 그려냄으로써 현실을 날카롭게 비판'한다. 이러한 문학 작품이나 사상을 디스토피아라고 하는데, 작가는 이 책은 과학이 인간으로부터 유리될 때 나타나는 위험한 경향을 미래 사회로 확대 투영함으로써 궁극적으로 우리가 지향해야 할 바를 제시한다고 평가한다. 과학기술의 무분별한 발전이 디스토피아를 만들 수 있다는 것을 인지한 작가는 인간이 주체성을 확립하는 게 중요하다는 것을 잘 보여주고 있다.

상상에 의한 유추와 상상의 기법을 극대화해 나가는 것만큼 예술성을 높이는 데 효과적인 방법은 없다. 발레리는 문학 속에서 사상이란 과일 속에 묻혀 있는 영양소와 같이 숨겨져 있어야 한다고 했다. 엘리어트는 문학은 사상을 장미꽃 향기와 같이 감각화하는 것이라고 하였다. '산기슭에 아카시아 향기는 바람을 타고 흐르고, 그 향기를 따라 불행해질 권리를 요구하는 야만인 존의 모습을 생각'하는 작가의 모습이 상상과 관념 연상을 일으키며 감동의 진폭을 깊게 해준다. 그녀의 대다수 수필은 위에서 말한 사상의 정서화나 이념의 감각화, 내용의 형상화가 발단부와 결말부에 아주 잘 되어 있다.

> 노인은 매일을 사는 우리의 모습이 아닐까요. 늘 빈 배로 귀환하는 소시민이지만 내일 다시 낡은 돛을 달고 짙고 푸른 바다를 향해 나아갑니다. 아침에 눈을 뜨고 세상 속으로 출근하고 이따금 버거운 행운과 버거운 고통 사이에서 잠깐잠깐 졸면 그사이에 별빛은 쏟아지고 바다엔 날치가 뛰고 있습니다. 그렇지만 밤하늘의 별빛을 오래 바라보고 싶어도 잡은 낚싯줄을 놓지 못합니다. 그렇게 잡은 큰 물고기는 이전투구의 세상에서 날카로운 이빨을 가진 상어에게 뜯어 먹힙니다. 그래도 남은 꼬리와 머리를 배에 매달고 우리는 불빛 휘황한 항구 하바나를 향해 가야겠죠. 언덕 위 낡은 집에는 어제 신문이 있고, 침대에 누워 사자와 아프리카를 꿈꿀 수 있기 때문이죠. 그런 노인을 위해 소년은 커피 한 잔을 가져옵니다.
> ―〈사자 노인 그리고 소년〉

칸트에 의하면 예술의 가치를 객관적으로 논의 또는 평가할 수 있게 만들어주는 그의 미학적 또는 심미적 취향은 극과 극의 중간쯤에 존재하는 것으로서, 제시된 작품의 가치를 판단함에 있어서 누구나 동의할 수 있는 어떤 공통된 그리고 정당한 기준이 존재 가능하다는 가정 위에 성립한다. 이와 같은 가정 위에서 이선애 수필의 즐거운 가치평가는 탁월한 해석력에서 가능해진다. 바슐라르 이론에 의하면, 문학적 상상력은 물질적 상상력과 원형적 상상력을 양극으로 하고, 역동적 상상력이 물질적 이미지를 변형 발전시켜 나가면서 미지의 보편적 가치를 찾아가는 탐색자 역할을 수행한다. 이선애는 〈노인과 바다〉를 읽고 인상 깊은 몇 개의 낱말들을 수첩에 적는데, 그녀가 뽑아낸 키워드는 산티아고 노인, 멕시코만, 사자 꿈, 오래된 신문, 야구, 팔씨름, 상어, 피 냄새, 청새치 그리고 소년 등이다.

이런 소설 속 구체어는 작가가 작품을 감상하면서 하는 가장 탁월한 활동인 상상력을 안겨준다고 할 수 있다. 궁극적인 삶의 형태는 노인에게 미끼가 될 작은 생선을 가져다주는 눈 맑은 소년으로 귀결되는 것이라고 평가하면서, 작가는 이 책에 나오는 노인의 멋진 말, "하지만 인간은 패배하도록 창조된 게 아니야." "인간은 파멸당할 수는 있을지 몰라도 패배할 수는 없어."라는 명언을 오래 기억하고자 한다. 그리고 노인처럼 바다를 향해 돛을 올리고 조각배를 저어갈 것이라 다짐한다. 과거의 체험이 현재의 의식화된 체험 속으로 들어오는 길은 상상의 눈을 통해서만 가능하며 이로 밀미암아 과거의 체험은 인간의 심리 속에서 현재의 체험과 결합되고 재구성되어 사실 그대로가 아닌 새로운 체험세계를 창조하게 된다. 따라서 작가는 어떤 억압과 구속에서도 벗어나 모든 것이 자유로운 삶이 펼쳐지기를 기원하게 된다.

휴가의 끝자락을 마무리하면서 내년을 기약하고, 또 다음 달 보너스를 생각하고, 군대 간 아들의 전역을 기다리기도 합니다. 인간의 삶은 기다림의 연속이라는 주제로 부조리극을 쓴 샤무엘 베케트의 《고도를 기다리며》를 뜨겁게 읽었습니다. 멀리 보이는 배롱나무의 붉은 꽃 송이송이 수북하게 피어난 강둑을 보며, 공사로 다소 부산한 학교에 앉아 기다림의 의미를 생각하였습니다. 방학 중의 학교는 학생들 대신 공사를 하러 오신 분들이 비지땀을 흘리며 열심히 일을 하십니다. 돌가루가 수북한 복도에 천을 깔아두었고, 비닐로 막을 쳐서 먼지가 날리지 않도록 배려해 주셨지만, 먼지가 말을 알아듣는 것도 아니어서 제멋대로 날아다닙니다. 이것은 '먼지의 부조리성'이 아닐까요?

—〈삶은 언제나 기다림의 연속〉

수필을 관조의 문학이라고 할 때, 이선애의 수필은 조금도 그 궤를 벗어나지 않는다. 관심이 있는 것이면 모두 수필감이 된다. 다시 말해 '볼' 시視의 차원이 아니라 '볼' 견見의 차원으로 나아가서 종국에는 '볼' 관觀의 경지에 도달해 있다. 수필의 출발점이 제재라면, 결승점은 그것의 의미화다. 〈삶은 언제나 기다림의 연속〉에서 이선애는 인간의 삶은 기다림의 연속이라는 주제로 부조리극을 쓴 샤무엘 베케트의 《고도를 기다리며》를 뜨겁게 읽는다. 멀리 보이는 배롱나무 붉은 꽃 송이송이 수북하게 피어난 강둑을 보며 공사로 다소 부산한 학교에 앉아 기다림의 의미에 대해 생각한다. 베케트는 사람들의 삶은 언제나 기다림의 연속이라고 말하며 이런 기다림 속에서 드러난 부조리함을 '고도에 대한 기다림'으로 표현한다. 그것은 2차 세계대전 때의 피신했던 작가의 경험이 밑바탕이 되었기 때문이다. 공사장의 먼지가 날리지 않도록 해놓았지만 먼지가 말을 알아듣는 것도 아니어서 제멋대로 날아다니는데, 이것을 먼지의 부조리성으로 명명하는 게 눈길을 잡아끌기도 한다.

이 수필의 백미는 마무리에서 볼 수 있는데, 작가는 "짙푸른 무논의 벼들도 그 자리에서 여름을 견디고 있습니다. 그러나 저는 손에 잡히지 않는 무언가를 찾아서 매일매일 기다리고 또 기다리고 투덜거리고 노력하고 섭섭해합니다. 여름은 참 멋지게 자신을 드러내고 있습니다. 뜨겁게 더 뜨겁게, 그녀에게 너무 빠져들지는 마십시오. 때론 적당한 거리에서 그녀와 밀당을 해 보시는 것은 어떨까요? 아, 강마을은 너무 덥습니다."라며 '적당한 거리'가 '삶의 길'임을 비유적으로 나타내고 있다. 주제의식을 제재와 연결시켜 내는 것이 수필을 문예화하는 데 중요한데, 지금까지 이선애는 이런 일을 잘 해내고 있다. 그녀가 보내온 수십 편의 작품들은 하나같이 관조미학의 토대 위에서 빛나는 독서수필이라고 할 수 있다. 특히 〈삶은 언제나 기다림의 연속〉은 확실히 남다르다. 그녀는 보이지 않는 곳에 감춰져 모습을 드러내지 않는, 보아야 할 것을 찾아 조리개를 맞추는 데 남다른 열의를 보여주고 있다. 이러한 그녀의 믿음직한 도전을 우리는 이 수필에서 확인할 수 있다.

4. 체험을 확충하다

　아주 평범한 말로, 우리는 독서 과정에서 많은 것을 배운다. 특히 수필의 경우 인간의 실제 삶을 묘사하고, 특정 지역의 특정 사건을 소재로 한다는 점에서 경험을 확충하게 하는 데 기여한다. 감각의 구체화, 사고의 확장, 사고방식의 전환, 사태에 대한 새로운 시각의 마련 등이 체험의 영역에 든다. 이러한 체험을 위주로 하는 것이 문학독서의 특징이다. 다만 체험의 강도와 농도가 문제가 되지 사실 여부를 따지는 것은 오히려 체험을 제한할 수도 있다. 문학적 체험은 산술적인 총량이 문제가 아니라 체험의 신선함과 그 강도가 문제가 되는 것이다.
　수필은 우리네 삶의 모습이다. 수필 쓰는 일은 삶을 통한 선택된 체험을 상상력으로 재창조하고 재구성하는 일련의 문학적 경로를 통해 예술로 승화시키는 작업이다. 그 소재가 어찌 '생활'과 '자연'뿐이겠는가. 그 표현 방식이 어찌 '고백'뿐이겠는가. 수필가들은 폭넓은 독서경험을 통하여 그 작품세계를 확장할 필요가 있다. 그래야만 수필이 '지성인의 문학'이라는 새로운 틀에 맞추어 좀 더 그 지평을 넓혀 갈 수가 있을 것이다. 지성인이란 말과 글로 세상을 바꿀 수 있다는 신념을 가진 사람이다. 수필가도 지성인이기 때문에 사회의식을 지녀야 한다. 수필이 생활인의 애환만을 크게 받아들인다면, 작품세계를 스스로 좁히게 된다는 데서 독서수필의 필요성이 노정된다.

1909년 10월 26일 이토 히로부미는 죽었습니다. 독실한 천주교 신자였던 토마스 도마 안중근은 종교보다도 국가와 민족이 우선이었습니다. 하얼빈에서 이토를 사살하고 그는 가슴 안에 있던 태극기를 높이 들어 올리며 에스페란토어로 "코레아 후라!"라고 3번 크게 외쳤습니다. 이 외침은 "대한 독립 만세!"라는 뜻입니다. 안중근은 체포되어 처형되기까지 재판 과정에서 어떤 기세에도 굴하지 않고 이토 히로부미를 죽인 이유를 당당히 밝혔습니다.

안중근은 여순(뤼순)감옥에서 3월 26일 순국하였습니다. 그의 시신은 뤼순 감옥의 죄수 공동묘역에 묻혔습니다. 일제는 시신의 정확한 매장지를 알려주지 않아 매장지를 찾을 수 없었고, 현재까지도 공식적으로는 유해가 묻힌 곳을 찾지 못하고 있습니다.

—〈코레아 후라! 대한 독립 만세!〉

이선애의 〈코레아 후라! 대한 독립 만세!〉라는 작품 역시 사건을 보는 예리한 작가의 인식이 돋보이는 작품이다. 말과 글로 세상을 바꿀 수 있다는 신념은 작가에게 있어서 대단히 중요하다. 수필도 예술에 속한다. 냉철하고도 엄정한 판단으로 비뚤어진 세상을 바꿀 수 있다면, 무엇에도 방해받지 않고 미적 진보의 펜을 휘둘러야 하는 것이나. 이런 관점으로 안중근 의사에 관한 수필을 조명해 보는 것은 더 나은 세상A better world를 추구해야 하는 문학의 목적에 비추어 당연한 귀결이라 하겠다. 훌륭한 수필가는 사회의 한복판에 시시 사회의 흐름을 파악하고, 문제를 작품 속에 담아내려고 늘상 노력해야 한다. 한 알의 보리나 밀에서 우주의 진리를 알 수 있는 수필에 독자는 매력을 느끼는 법이다. 좋은 수필은 무엇보다도 푹 찌르는 맛이 있고, 톡 쏘는 맛이 있어야 한다. 감성적인 아름다움으로 정서를 풍요롭게 해줌은 물론 현대 독자들의 지적 욕구도 동시에 충족시켜 주어야 한다.

　힘의 문학으로서 사회를 향한 목소리를 담아내는 것은 너무나도 중요하다. 이 수필은 우리의 가슴과 머리를 뜨겁게 하는 진지한 성찰의 시간을 주고, 수필적 메시지가 현실에 대한 강한 직시와 적발의 모습을 띠고 있어 감동을 준다. 글의 출발점을 인식에 두어, 제재에 대한 심오한 철학과 성찰, 그리고 관조를 시도하고, 거기서 얻은 깨달음을 미적 구조로 재조직, 담론전략으로 형상화해서 독자들에게 구성적 비유로 전달하고 있어 문학적 성취도 빛난다. 이 작품의 쾌미는 자신이 겪고 있는 낭만적 삶과 안중근 의사의 비장함에 대한 작가의 넉넉한 여유와 재미있는 해석이라 하겠다. "저의 가을은 이렇게 차고 고요한 숲을 거닐며 물봉선의 분홍 꽃송이, 늘씬한 연분홍 무릇꽃의 자잘한 꽃차례를 보며 시작합니다. 하지만 조선의 젊은이는 실탄 일곱 발과 여비 백 루불을 지니고 블라디보스토크에서 하얼빈을 향하고 있었습니다."라는 표현은 애국심에 불타는 안중근 의사를 생각하게 하고, 작가의 열정적이며 낭만적인 체취에도 흠뻑 젖게 한다.

　　이러한 사태의 근원은 무엇일까? '인간의 이기심으로 인한 자연 파괴와 생태계 최고의 포식자로 가축에게 한 짓'일 것이다. 작은 바이러스에게 휘둘리는 우리는 이 초록별의 주인이라는 자만심을 내려놓을 때가 된 것 같다.

    슬라보예 지젝은 《팬데믹 패닉》에서 '코로나19가 어떻게 세계를 흔들었을까?'라는 물음에 대해 "이 사태는 지구상의 다른 생명체들을 무자비하게 착취해온 인류에게 내린 잔혹하지만 정당한 천벌이다."라고 하였다. 현답이다. 바다를 건너고 대륙을 횡단하는 무국적 바이러스에 대해 누가 벌을 내릴 수 있단 말인가? 그는 "우리가 정말로 받아들이기 힘든 것은 지금 유행하는 감염병이 자연의 우연성이 가장 순수하게 발현한 결과요, 그냥 생겨났을 뿐만 아니라 아무런 숨겨진 의미가 없다는 것이다. 더 거대한 사물의 질서 한가운데 인간은 아무런 중요성도 없는 한갓 종에 불과하다."라고 일갈한다.

—〈우리는 지금 같은 배를 타고 있다〉

    수필을 통해 자기 삶과 존재를 확인하고 그것을 증명하는 동시에, 도시적 삶의 그늘로부터 벗어나고 싶은 독자가 있다면, 감히 이 수필집 한 권을 권한다. 〈우리는 지금 같은 배를 타고 있다〉에 놓인 이 시 '코로나19'는 역설적인 관점이 주는 반전의 맛이 쾌미다. 어느 날 문득 우리의 삶 속으로 침투해온 반갑지 않은 바이러스가 던지는 메시지는 단지 바이러스의 문제로 한정되지 않았다는 데 문제의 심각성이 있다. 팬데믹 시대의 작가라면 코로나를 말하지 않을 수 없다. 새로운 정착과 이탈의 가능성을 찾아 바이러스는 우리가 문을 열고 초대하지 않았는데도 들어오려고 한다. 이런 생사의 경계에 살면서 이선애는 '위드 코로나'를 이야기하고자 한다. 그녀는 국가의 틀을 넘어 바이러스와 함께 협력과 연대의 지구

공동체로 나아가야 하며, 마틴 루서 킹 목사가 반세기도 전에 했던 말, "모두 다른 배를 타고 왔을 수도 있지만, 우리는 지금 같은 배를 타고 있다."를 기억하자고 외친다.

대한민국의 모든 사람은 같은 배를 타고 바이러스의 강을 건너고 있다. 강의 가운데를 지나왔기에 그녀는 '이제 저 멀리 푸른 강나루가 보이기를 기도하는 심정'이 공감을 불러일으킨다. 그 근거로 슬라보예 지젝의 《팬데믹 패닉》에서 "이 사태는 지구상의 다른 생명체들을 무자비하게 착취해온 인류에게 내린 잔혹하지만 정당한 천벌이다."라고 하였다. 현답이다. 바다를 건너고 대륙을 횡단하는 무국적 바이러스에 대해 누가 벌을 내릴 수 있단 말인가? 그는 "우리가 정말로 받아들이기 힘든 것은 지금 유행하는 감염병이 자연의 우연성이 가장 순수하게 발현한 결과요, 그냥 생겨났을 뿐만 아니라 아무런 숨겨진 의미가 없다는 것이다. 더 거대한 사물의 질서 한가운데 인간은 아무런 중요성도 없는 한갓 종에 불과하다."라고 일갈한다는 진술에 놓여 있다. 역설의 묘미가 빛나는 수필임에 틀림없다. 이 수필뿐만 아니라 많은 작품이 현실 인식의 치열성을 보이면서도 설득적인 면에서 만족할 만한 성과를 보인다는 것은 이선애 작가의 사고력이 뛰어나다는 증거이리라.

5. 가치를 지향하다

책을 읽는 것은 '문화 수행'이라는 의미를 지닌다. 간단히 말하자면, 문화란 어떤 집단 사람들이 공유하는 삶의 방식과 지향성이다.

독서문화란 어떤 집단 사람들이 시간을 내어 책을 읽는 습관을 형성하고 있다는 뜻이다. 그리고 읽는 책이 어떤 가치지향성을 지닌다는 것을 전제한다. 현재 우리나라 독서문화 가운데 특징적인 것은 역사와 현실에 대한 관심을 주제적 양식에 의존하여 충족한다는 점이다. 이선애의 독서수필이 써지고, 높은 호평을 받고 있는 것이 그 예이다. 수필은 자아와 그리움을 찾아 나서는 작업이다. 현재는 과거가 있었기에 가능한 것이다. 여기서 자신의 과거를 잃고 현재에 묻힐 것이 아니라, 객관적인 회상을 하는 가운데서 자신을 찾아 바로 세우는 일이 바로 수필적 생활이다. 수필은 긴 시간의 간극 속에서 축척된 깨달음의 결과를 말한다.

　작가는 질기고 무서운 폭염이 쏟아지던 여름의 끝자락에 지인들과 짙푸른 바다와 반짝이는 잎새가 아름다운 동백나무가 있는 여수 돌산도의 끝자락 거북목에서 하루를 묵는다. 그리고 저녁을 먹고 바다가 보이는 찻집에 앉아 올봄 아버지를 여읜 지인의 이야기를 듣는다. 금슬이 유난스러웠던 지인의 아버지는 아침을 준비하던 사랑하는 아내 얼굴도 보지 못하고 쿵 소리와 함께 쓰러졌다고 한다. 꽃을 사랑하여 집 주변마다 꽃을 심어두고 즐기던 아버지를 보내고 돌아와 보니 주무시던 창 앞에 홍매화가 유난히 붉게 피어 있더란다. 가고 없는 아버지의 손길이 닿았던 꽃밭과 진달래로 사태 진 산기슭마다 송이송이 핀 아버지의 모습에 눈시울이 붉어졌다고 한다. 짙푸른 여수 바다로 가는 이선애의 가방에 넣었던 한 권의 책은 이 시대 대표직 작가인 신경숙의 오래전 소설《풍금이 있던 자리》였다.

흔히 신경숙 작가에 대해 90년대 문학의 신호탄이란 말을 많이 합니다. 80년대가 남성 작가의 시대라면, 신경숙으로 대표되는 여성 작가군이 등장한 90년대는 '오디세우스의 귀환과 페넬로페의 가출'이라고 명명되기도 하였습니다. 신경숙은 세계 대신 지역을 공동체 대신 개인을 더듬거리듯 속삭이듯 서정적인 문체로 써 내려가며, 독립된 주체로 거듭나기를 바라는 여성의 욕망을 표현합니다. 이 소설 속의 화자는 사랑하는 남자가 그의 가족을 버리고 함께 떠나려 하지만 이것을 거부하고 외롭고 서럽게 주체적 모습으로 나아갑니다.

―〈여수 밤바다〉

이제 여러 글 중에서도 절경의 손맛을 우려내는 작품을 집중적으로 살펴볼 차례다. 바로 〈여수 밤바다〉는 자외선과 같은 섬세한 부분이자 영혼의 가장 은밀한 곳에 자리 잡고 있는 마음의 상태와 동경을 그려내는 데 성공하고 있는 작품이다. 이런 측면에서 보면 작가는 바로 고독한 정신의 움직임을 운명으로 받아들이는 사람으로 볼 수 있다. 무엇보다도 작가 자신의 섬세한 내면 풍경을 세련된 관조로 그리고 있어서 자조문학이라는 특성을 갖는다. 신경숙은 세계 대신 지역을 공동체 대신 개인을 더듬거리듯 속삭이듯 서정적인 문체로 써 내려가며, 독립된 주체로 거듭나기를 바라는 여성의 욕망을 표현하였다. 보편적 욕망을 여성의 '주체성'과 상관화시켜 그 이미지의 의미망을 미학적으로 그려내는 데 성공한 까닭으로 감동을 준다. 아버님을 보낸 슬픔에 젖어 있을 지인의 어머니가 푸른 솔처럼 건강하고 씩씩하기를 기원하였다는 마지막 문장의 소망에 손맛이 힘껏 묻어난다. 순환하는 인생을 봄의 생명력에 기대어 풀어내고, 그 위에 영육을 하나로 묶는 고독한 정신의 사유가 여수 밤바다 위를 스쳐 가는 바람처럼 잔잔하게 그려져 있다. 자외선 같은 섬세한 서정이 물결치는 모습이라고 할까.

그녀는 문학성을 안겨 주기 위해 내면의 풍경을 물감으로 그리듯이 감각적으로 구체화한다. 이렇듯 그녀는 마음의 여로를, 또는 한 지인의 상처와 꿈을, 특유의 미적 상상력으로 그려내어 독자에게 산뜻하면서도 시원한 정감을 안겨 준다. 거친 삶의 얼룩과 지친 흔적들을 여수 밤바다의 바람과 상관화시키면서 새봄 같은 내외면을 향한 여인의 갈망을 섬세한 필치로 잘 그려내고 있어 감동을 준다. 생생한 계절을 내 안에 불러들여 자신을 지나갈 시간이 어둡지 않도록 홀로의 침잠에서 깨어나 끈끈한 세포 하나 품어내고 싶은 작가는 '가고 없는 아버지의 손길이 닿았던 꽃밭과 진달래로 사태 진 산기슭마다 송이송이 핀 아버지의 모습에 눈시울이 붉어졌다'고 하는 지인의 아픔이 치유되길 소망한다. 모성을 지닌 작가의 언어적 감각에 찬사를 보낸다. 문학의 존재적 가치는 삶에 대한 확고한 신념을 확보하는 일이다. 그 기준을 설정해 의미를 구축하고, 내재된 것에 대한 정신적 토양을 견고히 하는 일이 문학의 사명이다. 이런 차원에서 이선애의 글은 견고한 바탕을 구축하고 있다.

삶과 죽음이 함께 발을 딛고 서 있던 전장보다 더 무서운 것은 사람의 숲이었습니다. 용맹을 담보로 백성을 지킨 대가가 참담하게도 의병장의 목숨이었던 시대였습니다. 무능한 왕과 권력에 눈먼 자들이 지키는 이 사직을 떠나고 싶었을 것이라 저는 생각합니다. 당신께서 사직서를 올리고 오던 그 길에 하현달이 떠 있지 않았을까요. 자정 무렵에 나타나 세상을 비추는 이지러진 달을 보며 조선의 운명을 예감한 것일까요. 슬픈 반달이 뜬 밤, 말을 타고 오던 강가에 들국화 곱게 피어 당신을 반겼으리라 믿습니다. 이런 당신의 마음을 표현한 시를 읽습니다.

—〈귀강정歸江亭—망우당께 보내는 편지·3〉

이선애는 충절의 고장 의령에서 국어교사로 지낸 까닭으로 누구보다도 의령의 곽재우 장군에 대해 애정이 많다. 체험의 나열화로 얻는 일상적인 느낌보다는 제재의 의미화를 통한 미적 형상화가 주는 참신함이 더 수필적 감흥을 불러온다는 것은 주지의 사실이다. 〈망우당께 보내는 편지·3〉에서도 우리는 곽재우 장군의 '충정'을 확인할 수가 있다. 이선애는 그의 애국심을 높이 평가하면서 '당신은 인생에서 무엇을 위하여 불원천리不遠千里 험로와 거친 바람을 헤치고 길을 찾아 헤매셨나요? 얻고자 하는 것이 무엇이었나요? 없는 길을 내어서라도 앞으로 나아가셨던 것은 풍전등화의 임란 속에 오직 내 나라 백성들을 지키고자 그리하셨을 것이라 저는 믿습니다. 당신의 그 간절함을 다시 생각합니다.'라고 적어, '불원천리' '풍전등화'를 곽재우의 나라 사랑에 덧씌우고 있다.

이런 이선애의 서술 전략으로 인해 수필은 더 문학적 향취를 거둔다. 이선애 수필은 경험을 넘어 위대한 삶을 살았던 위인들의 사상에 대한 본질적 의미를 찾고, 그 의미에 적절한 이미지를 덧씌우는 정서의 객관화를 통해 독자들을 미적 사유로 안내한다는 점에서 큰 의의가 있다. 결국 수필을 쓴다는 것은 어떤 대상으로부터 특별한 의미를 찾아내는 과정인 것이다. 관조하는 작가의 주관에 의해서 인물의 소성이 교감되고 새로운 의미가 부여될 때 비로소 문학성이 수필에 담기는 법이다. 자신만의 렌즈로 걸러진 이선애의 주옥같은 수필들은 문학보다 더 깊은 철학적 사유 위에서 위대한 곽재우 장군의 삶을 다양한 이해 방법론을 통해 감성과 지성으로 분석하고 있어 독자의 관심을 충분히 끈다고 하겠다. 이 작품은 문학을 문학답게 읽고 수용하여 문학적 재생산에 환원하는 일련의 과정과 결과라는 사실을 잘 보여준다고 할 수 있다.

Ⅳ. 로그아웃

모든 문학이 다 그러하듯이 수필 또한 우리 인간의 인간다운 삶을 위하여 존재한다. 이것이 수필이 궁극적으로 지향하는 바이다. 우한용은 이미지의 생성을 만드는 상상력의 참여, 즉 이미지가 표상하는 외계에 대한 우리들 존재의 참여를 가능하게 하는 것이 사랑이기 때문에 아름다움이란 사랑하는 것이라고 말한다. 맞는 말이다. '미'의 근저에는 사랑과 용서 그리고 감동이 자리잡고 있다. 그러므로 그는 아름다움의 척도로서 이미지의 생성을 이끄는 원형은 기실 바로 사랑과 표리를 이루는 것, '세계를 믿고 세계를 사랑하고 우리들의 세계를 창조하는 데 우리들을 도와주는 저장된 열광'이라고 한다. 그는 작가나 독자는 세계에 대한 찬가 없이 시가 있을 수 없음을 확인하면서, 자아의 깨달음과 마음의 울림을 일궈 내야 하는 당위 속에 살아가는 존재들이라고 하였다.

뿔레는, 문학의 경우에, 지속이 구체적이고 개체적인 현실적 삶이라는 점을 인정하지만, 문학적 영감의 순간을 지속에서 얻어지는 것이 아니라 지속이 멈추는 순간에 발현되는 존재의 경이라고 본다. 이 순간은 작가가 존재에 대하여 최초로 의식하는 놀라운 순간이자, 작품을 탄생시키는 충동의 동기가 된다. 이 충동의 동기에 의해, 순간은 공간의 영역에서 그리고 지속의 영역에서 동심원적 운동을 하면서 작품이 된다. 문학이란 시대와 사회의 구체적인 표출이어야 하고 그런 사회 속에서 인간을 그려야 한다는 생각은 고대에도 있었지만 근대에 이르러 이러한 경향은 더욱 두드러지게 나타난다. 좀더 구체적으로 설명해 보자면, 한 작가에게 혹은 문학 작품 속에서, 순간은 시간이 아니다. 순간 속에 근거를 두고 있는 작가는 시간을 구성하거나 되찾기 위하여 새로운 삶의 방식을 추구한다. 그리하여 앙드레 지드는 언어 행위를 통해서 삶으로부터 거부된 영속성을 작품에 부여한다. 이러한 지드의 사유는 순간적인 실재에서 시간의 실재로 높아진다.

이선애의 독서수필은 존재가 써야 할 작품을 찾는 것인 동시에 잃지 말아야 할 시간을 찾는 시간 위에 놓여 있다. 문학은 인생의 표현이요, 사회의 거울이라고 하는 것도 작품이 보여주는 내용이 작가의 주관으로 들어온 경험의 여과된 재현이라는 인식에서 나온 것이다. 작가는 과거의 실재를 찾으며, 작품은 미래의 실재를 찾는

다. 나아가 그녀에 있어서, 문학작품은 정신의 반영일 뿐만 아니라 그것에 부여하기로 작정한 '결말'에 얽혀 있는 조건들에 따라서 형성되는 것으로, 고유한 지속의 예상되고 요구된 변이들에 따라서 구조화된 것이다. 그러니까 뿔레의 말처럼 그녀는 인간의 시간이 인간을 선행하지 않는다고 생각한다. 그것은 오히려 인간이 살고 그리고 살기로 작정한 방식의 결과라는 것이다. 그 결과 모든 것은 어떤 경험 혹은 그 경험의 의식으로부터 시작한다. 특히 이선애의 현상학적 사유가 주관성을 초월하여, 궁극적으로는 객관으로 나아가면서 예술적 형상화로 마무리되기에 우리에게 설득을 안겨준다고 하겠다.

참고 서적

《하얼빈》, 김훈 지음, 문학동네, 2022
《척독》, 박경남 지음, 한국고전번역원, 2015
《담론》, 신영복 지음, 돌베개, 2015
《조용헌의 백가기행》, 조용헌 지음, 디자인하우스, 2010
《피프티 피플》, 정세랑, 창비, 2021
《멋진 신세계》, 올더스 헉슬리 지음, 이덕형 옮김, 문예출판사, 2018
《언어의 정원》, 신카이 마코토 지음, 김효언 옮김, 대원씨아이, 2017
《낙타 샹즈》, 라오서 지음, 심규호·유소영 옮김, 황소자리, 2008
《위대한 개츠비》, 스콧 피츠제럴드 지음, 김욱동 옮김, 민음사, 2010(2판)
《노인과 바다》, 어니스트 헤밍웨이 지음, 김욱동 옮김, 민음사, 2012
《연어》, 안도현 지음, 문학동네, 2006
《엄마의 말뚝》, 박완서 지음, 세계사, 2012
《풍금이 있던 자리》, 신경숙 지음, 문학과지성사, 1993
《그대를 듣는다》, 정재찬 지음, 휴머니스트, 2017
《방드르디, 태평양의 끝》, 미셸 투르니에 지음, 김화영 옮김, 민음사, 2003
《이방인》, 알베르 카뮈 지음, 김화영 옮김, 민음사, 2011
《홀로 사는 즐거움》, 법정 지음, 샘터, 2004
《궁극의 미니멀라이프》, 아즈마 가나코 지음, 박승희 옮김, 즐거운 상상, 2016
《82년생 김지영》, 조남주 지음, 민음사, 2016
《선재의 노래》, 공선옥 지음, 창비, 2023
《귀찮아, 법 없이 살면 안 될까?》, 곽한영 지음, 나무를 심는 사람, 2017
《나르치스와 골드문트》, 헤르만 헤세 지음, 임홍배 옮김, 민음사, 2002
《동물농장》, 조지 오웰 지음, 도정일 옮김, 민음사, 1998
《허클베리 핀의 모험》, 마크 트웨인 지음, 김동욱 옮김, 민음사, 2005
《고도를 기다리며》, 사무엘 베케트 지음, 오증자 옮김, 민음사, 2000
《변신》, 프란츠 카프카 지음, 전영애 옮김, 민음사, 1998
《피로사회》, 한병철 지음, 김태환 옮김, 문학과지성사, 2012
《여행의 기술》, 알랭 드 보통, 정영목 옮김, 이레, 2004
《오뒷세이아》, 호메로스 지음, 천병희 옮김, 숲, 2006
《28》, 정유정 지음, 은행나무, 2013

《팬데믹 패닉》, 슬라보예 지젝 지음, 강우성 옮김, 북하우스, 2020
《먼 북소리》, 무라카미 하루키, 윤성원 옮김. 문학사상사, 2004
《서유기》, 오승은 지음, 솔출판사, 2019
《참을 수 없는 존재의 가벼움》, 밀란 쿤데라, 이재룡 옮김. 민음사, 1999
《은비령》, 이순원 지음, 더스타일, 2012
《그리스인 조르바》, 니코스 카잔차키스, 박석일 옮김, 동서문화사, 2011
《설국》, 가와바타 야스나리 지음, 유숙자 옮김, 민음사, 2002
《압록강은 흐른다》, 이미륵 지음
《동양학을 읽는 월요일》, 조용헌, 알에이치코리아, 2012
《안나 카레니나》, 레프 니콜라예비치 톨스토이, 연진희 옮김, 민음사, 2012
《천 개의 고원》, 질 들뢰즈·펠릭스 가타리 지음, 김재인 옮김, 새물결, 2001
《들뢰즈의 안드로메다》, 이수경 지음, 신생, 2022
《한국풍수인물사》, 최창조 지음, 민음사, 2013
《어디서 살 것인가》, 유현준 지음, 을유문화사, 2018
《공간의 시학》, 가스통 바슐라르 지음, 곽광수 옮김, 동문선, 2003
《반바지 당나귀》, 앙리 보스코 지음, 정영란 옮김, 민음사, 2020(3판)
《불편한 편의점》, 김호연 지음, 나무옆의자, 2021
《고미숙의 로드클래식, 길 위에서 길 찾기》, 고미숙 지음, 북드라망, 2015
《아이들 삶에서 꽃이 핍니다》, 김강수 지음, 휴먼에듀, 2018
《외딴방》, 신경숙, 문학동네, 1999
《오동나무 거울》, 박숙희, 창연, 2022
《영혼의 아침》, 김계식 지음, 신아출판사, 2019
《짧은 여름》, 조재영 지음, 불휘, 2018
《시간 속에 빗물권 하니 그려 놓았다》, 박숙희 지음, 창연, 2015
《학여울 풍경》, 이용철 지음, 청옥, 2020
《망우당 곽재우》, 남명학연구원 엮음, 예문서원, 2014
《차라투스트라는 이렇게 말했다》, 프리드리히 니체 지음, 정희창 옮김, 민음사, 2004
《임화 시집》, 임화 지음, 키메이커, 2020
《김약국의 딸들》, 박경리 지음, 마로니에북스, 2013

경남산문선 88

강마을에서 보내는
독서 편지
이선애 수필집

1쇄 펴낸날 2024년 6월 25일

지은이 이 선 애
펴낸이 오 하 룡

펴낸곳 도서출판 경남
주 소 창원시 마산합포구 몽고정길 2-1
연락처 (055)245-8818
이메일 gnbook@empas.com
출판등록 제1985-100001호(1985. 5. 6.)
편집팀 오태민 심경애 구도희

ISBN 979-11-6746-134-6-03810

ⓒ이선애

＊잘못된 책은 바꿔 드립니다.
＊저자와 협의 인지 생략합니다.

〔값 13,000원〕